项目编号：B2019430　　　　项目名称：高校资产全周期
承担单位：武汉城市职业学院　项目负责人：何金开

高校财务管理改革与创新研究

杨汉荣　著

北京工业大学出版社

图书在版编目（CIP）数据

高校财务管理改革与创新研究 / 杨汉荣著． — 北京：
北京工业大学出版社，2021.9
ISBN 978-7-5639-8094-9

Ⅰ．①高… Ⅱ．①杨… Ⅲ．①高等学校－财务管理－
研究－中国 Ⅳ．① G647.5

中国版本图书馆 CIP 数据核字（2021）第 203596 号

高校财务管理改革与创新研究
GAOXIAO CAIWU GUANLI GAIGE YU CHUANGXIN YANJIU

著　　者：杨汉荣

责任编辑：李俊焕

封面设计：知更壹点

出版发行：北京工业大学出版社

　　　　　　（北京市朝阳区平乐园 100 号　邮编：100124）

　　　　　　010-67391722（传真）　　bgdcbs@sina.com

经销单位：全国各地新华书店

承印单位：定州启航印刷有限公司

开　　本：710 毫米 × 1000 毫米　1/16

印　　张：8.75

字　　数：175 千字

版　　次：2021 年 9 月第 1 版

印　　次：2022 年 8 月第 1 次印刷

标准书号：ISBN 978-7-5639-8094-9

定　　价：65.00 元

作者简介

杨汉荣，女，1971年生，本科学历，高级会计师，有央企和高校财务工作经历。2004年，主持国企改制主辅分离政策下的学校股份制改造有关财务工作；2006年，主持学校新校区6亿元基建项目核算工作；2012年，负责两校合并财务、资产并账工作；2014年，主持学校财务信息化建设工作；2019年，主持学校政府会计制度改革相关工作。

前　言

随着市场经济的不断发展和高等教育体制的不断完善，高校的财务管理工作也面临新的问题与挑战，高校的经费收入渠道相较于过去而言更为多元化，受教育者也在合理分担培养成本。近年来，国家不断加大对教育的投入力度，标志着高等教育进入快速发展的新时代。高等教育的快速发展也对普通高校的财务制度提出了新的要求，对经费的管理要求更加严格。国家投入力度也需要适当调整，既要加大投入力度，也要为高校提供一定的自主权。高校财务管理问题不仅受到政府的监督，同时也受到社会各界的关注，因此我们应该对高校的财务管理政策有所思考。

本书第一章为财务管理概述，分别介绍了财务管理基本概念、预算管理与成本管理、财务风险管理预测三个方面的内容；第二章为高校财务管理体制现状，分别介绍了高校财务报账体系、高校科研经费管理、高校管理税务管理问题、高校财务信息化管理体系四个方面的内容；第三章为高校财务成本与财务风险，分别介绍了教育成本与教育制度变迁、高等教育成本构成、高校财务风险、高校财务风险预警体系的建构——以D民办高校为例、高校财务风险改革创新的对策五个方面的内容；第四章为高校资产管理改革创新，介绍了高校经营性资产管理现状与问题、高校无形资产管理体系构成两个方面的内容；第五章为高校预算管理改革创新，分别介绍了高校预算管理的内涵、高校预算管理的现状——以Z高校为例、高校预算管理的研究背景和措施三个方面的内容；第六章为高校财务管理的困境解决和模式创新，介绍了高校财务管理困境表现、高校财务困境的形成、高校财务困境的解决方法、高校财务管理模式创新四个方面的内容。

在撰写本书的过程中，作者得到了许多专家学者的帮助和指导，参考了大量的学术文献，在此表示真诚的感谢。本书内容系统全面，论述条理清晰、深入浅出，但由于作者水平有限，书中难免会有不足之处，希望广大读者朋友及时指正。

目　录

第一章　财务管理概述

本章是财务管理概述，第一节对财务管理基本概念进行解释，第二节论述预算与成本管理的相关问题，第三节介绍财务风险管理预测，主要目的是使读者了解何为财务管理。

第一节　财务管理基本概念

财务在《现代汉语词典》中被定义为"机关、企业、团体等单位中，有关财产的管理或经营以及现金的出纳、保管、计算等事务"。本书这部分内容将使读者了解专业财务人员是做什么的以及财务管理工作的必要性。

一、财务学的基本范围

在高校里，财务学大致被分为三个领域：①财务管理学；②资本市场学；③投资学。财务管理学也被称为公司金融学，专注于企业取得多少资产，取得哪种类型的资产，如何获得购买资产所需的资本以及如何经营以最大化企业价值的相关决策。同样的原则也适用于营利性组织和非营利性组织。资本市场学与决定利率、股价和债券价格的市场相关。资本的经济实体是银行、股票经纪人、保险公司等。

二、组织内部的财务管理

许多企业和非营利性组织具有相似的财务组织结构，如图1-1-1所示。董事会是最高管理集体，董事会主席通常是最高决策者。紧随其后的是首席执行官，事实上董事会主席通常由首席执行官担任。之后是首席运营官，其通常被任命为公司总经理。首席运营官控制着公司的业务活动及相关业务部门，包括市场营销和其他业务部门。首席财务官主要负责企业财务方面的业务，如财务审批、信用管理、财务会计等业务决策。如果是一家上市公司，该公司要提供证券和证券交易合同，以确保其合法性。此外，首席执行官和首席财务官还应为企业年度报告负责，有效的企业年度报告是评价其工作成绩的指标之一，若出现虚假年度报告，首席执行官和首席财务官可能会承担法律责任。

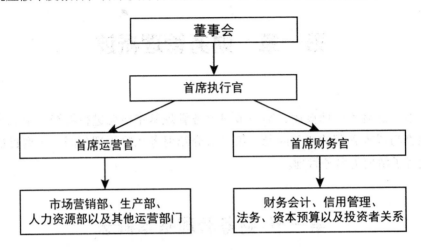

图1-1-1　财务组织结构

三、财务工作的注意事项

（一）避免以个人喜好评价财务工作

无规矩不成方圆，财务工作必须有规矩，这个规矩是对财务工作的服务对象、财务人员，以及财务工作流程全方位、全环节、全流程的约束。财务规矩，一是指财务法律法规及条例或实施细则；二是指依据上位法自行制定的财务制度；三是指财务工作积淀形成且获得一致认可的内控习惯。财务工作效率取决于财务工作的服务对象对财务规矩的认知程度，财务工作得到服务对象的认可取决于财务人员对财务规矩的认知程度，财务工作中服务与被服务关系的和谐取决于服务对象对财务规矩的认知程度。因此，在财务工作中，服务对象多一些对财务规矩的认知，就会消除一些对财务工作的误解。

就高校的财务工作而言，由于一些人对财务规矩认知水平较低，所以就存在着部分依个人偏好或个人目的抛开客观评价标准而对财务工作做出不公正评判的现象，这就是典型的对财务工作的误解。财务工作的服务对象要深化对财务规矩的认知与理解，而不能因个人缺乏认知导致误解。

认知是理解的基础，对某一事物没有认知就不可能去理解，认知的水平与程度决定了理解的程度，没有认知的理解是空中楼阁，是水中月、镜中花。可以说，认知决定了理解，认知可以使理解进一步加深。现实的问题在于，与其要求服务对象理解财务工作，不如帮助其认知财务规矩。个人理解财务工作，是一种外在的对财务工作的认知，自然会得出财务工作要为"我"所用的结论，财务工作要求按规矩办理，其就会认为在难为"我"。同时，这也给服务对象一种财务工作存在"不足""效率不高"或"服务不到位"的错觉。而对财务工作的认知是一种内涵式的认知，服务对象要明白财务规律、财务规矩、财务纪律，要自觉有底线意识、规矩意识及红线意识。如果服务对象具备了较高的财务规矩认知水平与能力，自然而然地就会客观理解财务工作，并使这种理解最终内化于心，外化于行，进而减少对财务工作的误解。可见，普及财务规矩方面的常识，使服务对象加深对财务规矩的理解比要求服务对象加深对财务工作的理解更为重要。

（二）避免财务服务对象的片面性

财务规矩普遍性和一般性与财务服务对象特殊性的要求有偏差，导致财务服务对象的片面性。

财务规矩的普遍性是指规矩的适用普遍性，是放之四海而皆准的规矩，不允许存在凌驾于财务规矩之上或是摆脱财务规矩约束的独立范围或独立业务。财务规矩的一般性则是对财务工作复杂有序的具体行为的抽象化，是以统一的标准服务于财务的服务对象的，约束服务对象按规矩行事，忽略服务对象个人的特殊要求。同时，财务规矩具有权威性和强制性，违反财务规矩自然要受到相应的纪律处分甚至承担法律责任。但在现实的财务工作中，一些财务服务对象对财务规矩的普遍性与一般性不去认知，也不去了解，往往从自身的特殊需要出发，要求财务工作满足其特殊性和个性化要求，甚至认为财务制度设计应该考虑其特殊性，这就背离了财务规矩的普遍性与一般性的内在要求，从而使其对财务工作产生误解，出现不满情绪。

（三）避免财务服务对象的认知偏差

财务规矩的内在要求与财务服务对象的认知程度不对等，致使财务服务对象出现认知偏差。

财务工作依规依据，财务规矩是财务工作的底线。财务规矩主要有财务法律法规、条例及实施细则，包括国家、省区市及各单位制定的财务规矩，还包括单位多年财务工作积淀形成且获得一致认可的内控习惯。以G高校为例，其财务规矩系统化、系列化，财务规矩公布的载体既有网媒，也有纸媒，还有视频。其主要载体表现在：一是在学校OA系统、财务部门网站均有明示；二是学校专门印制了包括一系列财务规矩在内的规章制度汇编；三是财务部门专门制作有关财务报销流程的视频资料；四是通过QQ或微信等新媒体实时传达财务方面新规定、新要求。可谓渠道多样、手段多样、形式多样。但现实是，规矩就在那里，一些财务服务对象对现有财务规矩偏偏视而不见，或者是一知半解。如果财务服务对象对财务相关规矩不了解，对借款、报销等具体流程，特别是票面的合规性以及相应单据整理的规范性等不完全知悉，就会出现财务工作人员按财务规矩办理业务内在要求与服务对象对规矩认知程度的不对称，致使服务对象对财务工作人员的工作出现认知偏差，片面认为财务工作人员按规矩办理业务是在为难自己，片面地对财务工作人员以及对整个财务部门不满意。对财务规矩的认知度低，不仅仅造成服务对象对财务工作的误解，实质上还增加了财务工作人员的劳动成本和时间成本，进一步影响了财务工作的效率。财务部门职能的客观性与财务服务对象对财务部门职能的认知偏差，会导致财务服务对象对财务工作的误解。

对于学校而言，其财务职能主要包括会计核算、预决算编制与执行、财务管理、财务监控等。从全局来看，财务工作是学校运行状况和调控的反映，是学校资金运行绩效的反映。学校的事业发展及其决策执行均需要财务工作的保障与支撑，财务工作的运行状态为学校进一步的事业发展提供决策参考依据。从各环节来看，财务工作是资金核算体系，涉及资金核算、资产价值核算、工资核算、成本费用核算、收入支出核算、债权债务核算等。在核算过程中，数据来源部门不同，财务部门只是执行部门。财务规矩来源于不同的职能部门，而财务服务对象都认为这是财务部门的事，从而出现了认知上的偏差。如工资福利或是税收筹划是人力资源部门开展的工作，科研经费的管理制度是由科研部门制定的，教学经费的使用规定基本上是由教务部门制定的，学科建设经费的使用方向与范围是由研究生或学科规划处制定的，还有一些福利制度是由工会制定的。财务部门在上述各部门的制度下，行使资金的分配权。但是，这些分散在各相关职能部门的权利与资金挂上钩后，一些人一提到"资金"就认为是财务部门的事，其实财务部门只是执行相关职能部门制定的制度而已。比如，有人咨询工资情况，为什么这个月工资中有某几项、为什么某项工资未发、为什么工资迟发等问题，应直接咨询人力资源部门。如果财务服务对象对财务工作的认知停留在表面，即"资金"等于"财务"，就忽视了财务工作所涉及的其他方面，如与人力资源部门的关系等。由此可以看出财务管理工作的必要性。

（四）避免财务服务对象对财务工作产生误解

财务工作内容的复杂性与服务对象认知的片面性往往致使财务工作的服务对象对财务工作产生误解。

对于学校而言，财务工作涉及学校的每一个部门、每一位师生。财务工作既有核算职能，更有财务管理及监督职能；既要反映学校的运行与调控状态，又要为学校决策提供完整的财务信息；既要根据上级相关部门的要求，及时收集、整理、分析和报送相关会计报告，又要进行支出绩效的评价等。在现实的财务工作中，一些财务工作的服务对象片面地认为财务工作人员所做的工作很简单，每天只是看看凭证、算算账，似乎财务工作人员只要对数字敏感和细心即可。事实上，财务工作人员看凭证、算账只是表面的工作，其后要通过对数字的敏感和细心来加强财务管理，这种劳动付出才是艰辛的。同时，财务工作人员面临的压力是多方面的，如财务工作人员遵守规定会被误解为高高在上摆姿态，但规定又不能依从个人意愿而改变，这样的矛盾让财务工作人员产生压力，此外，还有技术上的压力、审计部门的压力、上级的压力、自身的压力等。

特别是随着学校事业发展壮大，财务部门的业务量不断增加，但人手并没有增加，从而产生业务量的剧增与服务效率之间的矛盾，这种客观现实使财务工作的服务对象产生误解，认为财务工作效率低、服务水平不高等。例如，对于科研项目经费管理工作来说，学校年科研经费数和学科建设经费数逐年增加，特别是科研经费设置了间接费用以及各类科研项目数量大幅增加等，因此科研经费管理工作量大大增加。一些人对财务工作只知其一，不知其二，片面对财务工作提出过高要求是不合理的。

第二节　预算管理与成本管理

一、预算的定义

马克思指出："预算只不过是国家本年度预期收入和支出的一览表，它是以上一年度的财政经验即平衡表为根据的。每一个预算的基本问题是预算收支部分之间的对比关系，是编制平衡表，或者为结余，或者为赤字，这是确定国家或者削弱，或者增加税收的基本条件。"

预算是指政府机关、团体、事业单位和企业按照法定程序由权力机关审核批准的，在一定期间内进行资源配置的收支计划，其同时又是控制过程，收支活动制约着政府机关、团体、事业单位和企业活动的范围和方向。高校预算是指高校按照法定程序经领导班子集体审议通过后，在一定期间内进行资源配置的收支计划，其同时又是控制过程，收支活动制约着高校活动的范围和方向。

二、高校预算管理的定义

张东军认为，高校财务预算管理是指高校按照其事业发展计划和任务编制的年度收支计划，是高校进行各项财务活动的前提和基础，是指导和考核高校各项财务活动的标准性文件，是高校控制日常支出和组织收入的重要依据。高校的预算管理包括预算编制、审批、执行、监督等环节。

史杨武认为，高校预算管理的实质即最大化地发挥自有资源的价值，在遵从相关法律的基础上，使高校在社会主义市场经济中具有竞争力，又能保证自身科研教学水平的提高，保障教育这一公共产品的供给效率。

寇秀英的研究表明，高校预算管理是指在管理中对高校的各项经济活动进行预期并控制的管理行为及其制度安排，在管理学中也称为全面预算管理，它是内部控制的重要方法。实行全面预算管理有利于组织管理效率及效益的提高。

韩燕的研究表明，高校预算管理就是高校依据预算，通过财务活动对其教学、科研、行政、后勤等各方面的业务活动进行的管理和监督。高校预算管理包括预算编制、预算执行、预算调整与监督以及预算实施的绩效考核等方面。其根本目的是合理配置高校资源，以实现明确目标、协调各部门关系、控制日常管理和教研活动、进行绩效考核等。

综上所述，高校预算管理是高校根据预算目标对未来一定时期内的财务收支计划进行管理的一项经济活动。它包括预算编制、预算审批、预算执行、预算调整、预算分析、预算考核及评价、预算监督等一系列的管理活动。

三、高校预算管理的特征

（一）综合性

高校预算管理是高校全部资金收支计划，综合了高校各项收入来源和支出用途，并对收入和支出进行科学分类、归纳，按照规定的原则，进行总体平衡，从而保证教学、科研、行政、后勤等各项工作顺利开展。

（二）约束性

高校预算是经高校最高决策机构审议通过的，确保高校各项任务完成的重要经济计划，具有明显的限制性和促进性。没有限制就没有促进，限制是为了促进。因此，预算管理具有很强的约束性和强制性。未经高校最高决策机构认可，任何人都不能改变高校预算。高校预算一经通过，即具有指挥全校经济活动的严肃性，就应成为校内各级预算单位和教职员工财务行为的指南。

（三）效益性

加强高校预算管理的目的，一是确保各项计划对资金的需求，促进各项计划的顺利进行；二是充分发挥资金使用效益，做到少花钱、多办事、办好事。高校通过预算管理来优化资源配置，节约支出，提高资金使用效益。

（四）相对独立性

高校预算是高校自身的财务收支计划，执行结果只对其本身产生影响，与国家财政计划没有直接联系。也就是说，无论高校预算是否实现都不直接影响国家预算的收支执行。可见，高校预算具有一定的自主权和独立性，这一方面体现学校办学自主权，另一方面也明确了学校应直接承担经济责任。

四、高校成本管理的含义与原则

（一）高校成本管理的含义

高校成本管理是高校管理的一个重要组成部分，是高校在运营过程中实施成本预测、成本决策、成本计划、成本控制、成本核算、成本分析和成本考核等一系列管理活动的总称。

（二）高校成本管理的原则

高校在进行成本管理时，一般应遵循以下原则。一是融合性原则。成本管理应以高校业务模式为基础，将成本管理嵌入业务的各领域、各层次、各环节中，实现成本管理责任到人、控制到位、考核严格、目标落实。二是适应性原则。成本管理应与高校经营管理特点和目标相适应，尤其要与高校发展战略或竞争战略相适应。三是成本效益原则。高校成本管理在应用相关工具和方法时，应权衡其为高校带来的收益和高校需付出的代价，避免获得的收益小于投入的成本。四是重要性原则。成本管理应重点关注对成本具有重大影响的项目或业务，对于不具有重要性的项目或业务可以适当简化处理。

五、高校实行成本管理的必要性

（一）优化资源配置，提高办学效益

我国高校财务管理改革起步较晚，部分高校成本管理的意识比较淡薄，存在资源浪费的行为。高校引入成本管理制度是为了将有限的资源合理分配，以将更多的资源投入教育活动中，提高资金的使用效率，切实提高办学效益。

（二）促进我国教育事业的发展

国家对教育事业的重视以及社会对教育的需求都要求教育行业无论是从教育本身还是在管理方面都能与欧美国家比肩。我国的教育资源比较匮乏，对教育行业投入过多也会影响对其他公共设施的投资。因此，高校实行成本管理不但可以减轻国家的经济负担，也可以促进教育事业的发展。

（三）符合我国政策引导

2017年，财政部颁布了《政府会计制度》。原高校会计采用收付实现制，主要提供反映预算收支执行情况的决算报告，无法反映资产、负债的实际数据，以及高校运行成本等情况，难以满足以权责发生制为编制基础的政府综合财务报告的信息需求。由此可见，加强高校成本管理是高校会计制度改革促进高校持续良性发展的重要一环。

第三节 财务风险管理预测

一、财务风险的分类及成因

（一）筹资风险成因

①决策不当。对于采用股票筹资的企业而言，股票筹资决策需要严格遵守相关法律的规定，同时区分发行市场、股票种类、发行对象、发行价格及方式，合理选择股票融资方式，一旦决策失误，不仅影响筹资结果，还可能使企业陷入法律纠纷。负债融资方式中如果缺乏对融资规模、期限、方式的合理分析，也会使企业陷入财务危机。

②企业经营活动失败。企业如果经营状况不佳，盈利能力不能满足相关需

求，股权筹资受限，即使发行成功，效益较低也会使投资者对企业失去信心，影响企业股权筹资，也限制了企业利用其他筹资渠道的机会。对于债务融资而言，企业经营管理不善无法保证按期还本付息，会加大债务压力，损害企业信誉，降低企业整体的融资能力。

③资金结构不合理。根据有税的MM理论及代理理论，负债融资存在一个最合适的规模，过大或过小都不利于企业内部发展和企业资金运营，轻则影响效率，重则使企业资金链断裂，危及企业生存和发展。

④债务管理意识淡薄。企业对账款偿还时间安排不当，缺乏对借款、商业信用条款的详细分析，导致企业支付高额成本占用外部资金，无故拖欠又会使企业陷入法律纠纷，影响其未来的筹资。

（二）投资风险成因

企业的资金主要有两个使用方向：一是投资于生产经营性资产，以便获取利润；二是把资金用于证券投资，以便获取股利等投资收入。

①生产经营投资的财务风险。企业将资金投资于生产经营性资产，此类投资具有投资周期长、资金占用多、影响未来发展等特点，如果企业决策不当，将会影响企业核心竞争力的发展和关键资源的构建。因此，企业必须在科学合理分析的基础上谨慎决策。

②证券投资的财务风险。证券投资的财务风险主要来源于两个方面：一方面来源于被投资企业方面的风险，如经营管理风险，是指被投资企业由于经营方面的问题而造成其股价下跌，使投资企业遭受损失，无法实现预期收益；另一方面来源于企业自身的风险，如错误估计形势，错过买卖时机等。

（三）收益分配风险成因

企业增加对投资者的收益分配，能够维护企业形象，增强股东信心，提高股票市价，如果用于分配的资金过多，又会导致留存收益的减少，缩小内部融资的规模，使企业缺乏发展后劲。所以，收益分配不合理会增加企业的财务风险，这种"分与不分"的矛盾正是财务风险的所在。

（四）制度风险成因

①内部控制制度设计不合理、不健全。

②内部控制制度执行不严格。如果没有被严格执行，再好的内部控制制度也是形同虚设，起不到有效降低风险的作用。

（五）应收账款回收风险成因

企业应收账款回收风险主要来源于两个方面：一方面来源于客户的风险，如客户因经营管理不善等原因导致其收益下降，会影响企业的账款回收；另一方面来源于企业自身的风险，企业对应收账款没有进行跟踪管理和定期账龄分析，会使部分账款无法及时回收。

二、风险管理与财务风险管理

（一）风险管理概述

现代风险理论最早提出于20世纪30年代。经过几十年的发展，该理论得到了广泛的应用并取得了丰硕的实践成果。该理论研究视角逐渐从局部、片面发展到更深层次，从源头预防入手，最终朝着建立全面有效的风险管理体系的目标不断探索创新。从企业面临的外部环境来看，加强风险管理是形势所迫，从企业自身来看，加强风险管理是其内在所需。因此，对财务风险的控制和管理显得尤为重要，不能因为企业风险管理能力有限而导致其未能及时有效地辨别风险，引发企业经营危机。

企业风险管理可简化为三个阶段：风险识别、风险分析和风险应对。一是风险识别。风险识别要在充分考虑内部因素和外部因素的情况下进行，只有企业清楚地了解自己所面临的风险，企业在此基础上要综合和广泛考量各因素的重要性，才能积极选择适当有效的策略来降低及控制风险。二是风险分析。通过全面有效地识别风险，企业要进一步对风险成因、发生概率、联动效应等进行综合分析，探索出风险应对策略，利用定性和定量等技术分析方法，为风险应对策略提供支持性帮助。三是风险应对。在识别与分析风险的基础上，企业要通过对不利和有利事件进行分析研究，进一步选择有效的风险控制实施方案，将潜在风险控制在企业可承受的风险容量里面，没有必要杜绝所有的风险，企业要借助成本效益原理，争创有利的投入产出比。

（二）财务风险管理的意义

①对冲的相对优势。许多投资者不能像企业那样有效地实施自己制订的套期保值计划。第一，因为企业进行的套期保值交易量多，所以交易成本较小。第二，由于存在信息不对称的现象，管理者比外部投资者更了解企业所面临的风险，因此管理者可以进行更有效的套期保值交易。第三，有效的风险管理需要专业的技能和知识。企业比投资者更可能拥有这些专业技能与知识。

②降低借贷成本。企业有时可以通过掉期金融衍生工具来降低投入成本，特别是债务利率。这样的成本降低了企业的价值。

③税收制度鼓励。由于处理税收抵免以及企业损失结转的规则，收益波动性大的企业缴纳的税款将多于收益稳定的企业。此外，当收益波动导致破产时，税收亏损结转通常会失效。因此，我们的税收制度在一定程度上鼓励企业进行风险管理以获得稳定收益。

④获得较高薪酬。很多企业的薪酬体系设定了奖金的上限和下限，奖励那些实现了业绩目标的管理者。举例来说，假设企业的薪酬制度规定在净利润低于100万美元（1美元≈6.3644元）时不向管理者发放奖金，当利润介于100万美元和200万美元之间时，奖金为1万美元，当利润为200万美元或更高时，奖金为2万美元。此外，当实际利润达到预测水平100万美元的90%及以上时，经理将获得额外的1万美元。现在考虑以下两种情况：一是利润每年稳定在200万美元，经理每年收到3万美元奖金，两年总额为6万美元；二是第一年的利润为0，第二年的利润为400万美元，则经理在第一年不获得奖金，第二年获得3万美元，两年的总额为3万美元。由此可见，即使企业在两年内获得的总利润（400万美元）相同，但事实上经理的奖金在收入稳定时更高。即使对冲不能为股东增加更多的价值，但事实上它仍然可能对管理者有好处。

⑤提高负债能力。风险管理可以减少现金流量的波动，从而降低企业破产的可能性。经营风险较低的企业可以有更多的债务，这可能导致更高的股票价格，因为利息费用的扣除可以产生利息的抵税效应。

⑥维持最合适的资本预算。由于高浮动成本和市场压力，企业不愿意增发外部股权。这就意味着资金预算由债务和内部资金支持。内部资金主要包括留存收益和折旧。在内部现金流较低的年份，它们可能太少从而无法支持最佳资本预算，导致企业将投资降至低于最合适的比率或承担外部权益带来的高成本。风险管理可以通过平稳现金流来减少这个问题。

（三）财务风险管理的途径

1.提升风险管理意识，成立优秀的管理团队

我国大多数企业在风险管理和财务控制的认识上并不充分，企业内部财务制度也不够完善，在风险管理方面还处于了解阶段。企业的首要目标应该是先提升企业经营者自身的财务管理意识，使其意识到财务管理在企业运营中的重要性，并将这种意识传递给企业内部的每一位员工，从而全面促进企业的财务风险管理工作的开展。对于企业来说，拥有一支专业的财务管理队伍至关重

要。企业应该积极开展业务培训，拓展财务管理人员的专业知识领域，以此提升财务管理人员的综合素质水平。

2. 建立完善财务信息管理系统

随着信息科技的飞速发展，信息技术在企业财务管理中得到广泛应用。企业可以根据自身实际财务状况，建立一套适合其财务管理发展的财务信息管理体系。加强各部门之间的数据信息交流，加快数据传递速度，提升数据信息传递的准确性，有利于企业管理者在线上对企业进行统一管理。这种信息化管理模式可促使企业在发展过程中不断发现自身的不足并加以完善，从而推动企业的经济效益增长。

3. 健全财务预警系统

财务预警系统是在企业发展过程中的新兴产物，我国企业发展起步较晚，对于财务预警系统的认识程度不高，无法感知财务管理过程中可能出现的问题。针对这种情况，企业经营者应该从自身做起，积极转变传统的财务管理观念，认识到财务管理风险为企业带来的危害，在现有的财务管理信息化系统的基础上建立起相应的财务预警系统，以此来降低企业遭遇财务管理风险的概率和损失。

4. 提升企业的融资能力，拓宽企业的发展渠道

融资作为企业最重要的发展手段，也是企业财务风险管理面临的最大威胁。融资是现代化企业财务管理的主要模式，它可以帮助企业以最快的速度成长起来，但是高收益也就意味着高风险。因此，企业在确定进行融资活动时，不可以盲目追求企业发展，而应该让专业的财务管理人员根据企业实际情况进行科学分析，合理拓宽企业发展渠道。

第二章 高校财务管理体制现状

本章为高校财务管理体制现状，第一节为高校财务报账体系概述，第二节为高校科研经费管理分析，第三节为高校内部税务管理问题，第四节为高校财务信息化管理体系。

第一节 高校财务报账体系概述

一、高校财务报账流程

财务报账是指管理人员根据发票或者从实际合法的经济、商业活动中取得的凭证，填写标准化报销审批表的行为，经授权人签字后，再到相关部门办理报销手续。财务报账流程是教育费用管理最基本的环节。票据账户是还款活动中最复杂的部分，分为单据审核、单据汇总、数据记录、单据选择和凭证打印。

如图2-1-1所示，报账具体流程如下：到达报账大厅—出示发票—核对发票—付账—离开。在这个过程中，金融服务提供的大多是接待人员实现的看得见的服务，在报账流程服务项目设计完成后，根据日常报销情况，逐一分析经办人员的报销要点。一般来说，服务项目的关键点分为三类：失败点（F）、等待点（W）和判断点（D）。由于高校财务报账流程也注重运营商的经验，这里的重点是增加经验点（E）。

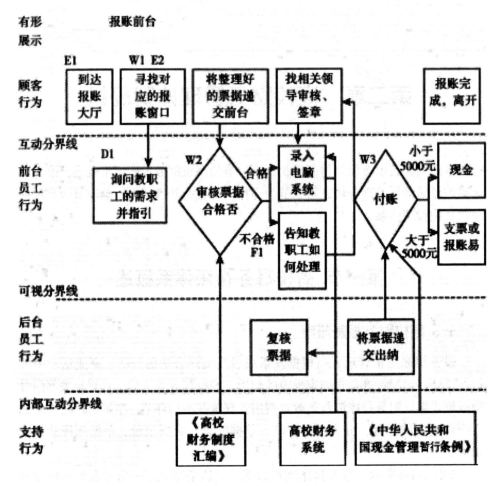

图2-1-1　报账流程

二、报账流程中存在的问题

（一）窗口设置不合理

一些高校设施不完善，由于人口基数较小，缺少统一的排号设备，在人员集中办理业务时容易出现混乱。如某高校一共有四个窗口，负责向不同的单位报账，包括二级学院、行政单位、科研单位和其他教辅单位。各个窗口前的学生、教师都在排队等候报账。在高等教育机构，研究经费是一些教师报账的主要部分，大部分研究经费下发给学科所在单位。一般来说，能拿到研究经费的教职员工都属于二级学院，所以在二级学院负责的窗口前总是排着最长的队，而其他报账窗口前的排队人员则寥寥无几。这种情况不仅造成部分教师报账等待时间过长，而且打击了二级学院负责报账的工作人员的积极性，影响了报账大厅的服务质量。

（二）财务政策宣传不到位

当前，关于高校财务方面的法律和政策的文件较多，然而高校没有做太多的宣传，只是印发了财务制度汇编和财务报账指南。金融政策的宣传也很少出现在高校网站上，办理人员直接到财务部门查询，而财务报告是具有很强制度性和政策性的，办理人员难以快速获取信息。这直接影响到上报的流畅性。信息的不对称也导致了办理人员对财务部门的误解，办理人员和财务工作人员之间会产生不必要的误会。

（三）办事效率较低

目前，账目审计除了要核实金额外，还要核实账目的真实性、资金的使用和标识的规范性，这就使各个高校的审计时间过长。负责的工作人员不仅要手工核对银行卡和发票的备案，还要在网上进行核对。由于高校资金来源的多样化，会计工作越来越复杂，这使会计核算任务更加繁重。这些原因使会计核算成本高，效率较低。

（四）报账程序季节性强

由于科研项目的完成多在年底，年底财务服务的报账活动尤为集中，大量的报账活动集中在同一时间。由此我们可以想象到财务工作人员在这样拥挤、喧杂的办公环境中的工作压力。这无疑增加了高校财务工作人员的工作强度，这种超负荷的工作会影响服务的质量。

如图2-1-2所示，财务报账呈现很明显的季节性，从每年的11月份开始到次年的1月份是报账人数最多的时候，这个时候财务部门报账的需求超过了自身能力所能承担的水平。报账人员及设备超负荷运行，服务质量达不到要求。

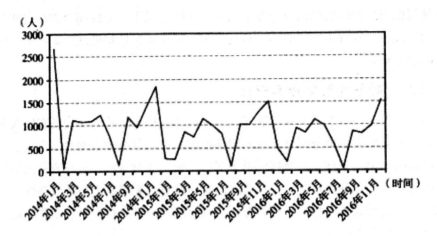

图2-1-2　2014—2016年报账人数统计

三、改善报账工作问题的建议

财务报账是高校财务最基本的工作，也是最重要的工作，它不仅涉及各种资金的具体使用方法和高校的资金安全，而且影响到整个高校的日常运作和管理。因此，完善财务报账工作显得尤为重要。

（一）采取多种报账手段，提高报账效率

针对高校报账大厅排队人数多的问题，我们可以通过多样化的报账手段提高账销效率，为师生提供更好的服务。第一，目前的"网上预约报账"手段是十分便利的。通过互联网、信息技术等现代服务手段，高校可建立网上预约报账系统。通过预约制，报账人员可以在不同时间段错峰报账，避免排队，实现报账不受时间和空间限制的目的。第二，尽量减少现金报账。减少现金报账，不仅可以减少财务人员的审计工作量，加快审计速度，而且可以简化经营者使用现金和财务工作人员清点现金或打印支票的程序，提高报账效率。

（二）网上预约申报与现场结算审核相结合

为避免凭证丢失，提高申报效率，高校可采用现场结算方式。具体流程为，首先，明确到货时间；其次，在规定的时间内，运营商按顺序报账；最后，通过财务准备、审计、支付等环节完成报账，实现现场会计报表的现场审计和结算。这个审核过程既能保证报账人员针对报账单据及时与财务人员沟通，又能保证原始凭证和会计凭证不丢失。但事实上，在目前的实践中，一旦原报告人的报告业务量较大，后期报告的等待时间就会延长，造成排队现象。

因此，高校有必要结合网上预约手段，分散报账人员的报账时间，优化前台报账的审核流程，提高报账效率。

（三）加强财务内部交流学习

针对校园内部缺乏沟通的问题，高校要定期召开交流会，积极探讨当前高校财务管理过程中存在的问题。如果会计核算中存在不一致的情况，可以通过讨论选择最佳的解决方法，并据此制定统一的会计准则。对于新制度、新政策，高校要多渠道及时与各校区沟通，组织各校区讨论学习新政策、新制度，确保财务制度的有效实施。高校财务人员众多，他们的经验和专业判断不同，对同一项业务可能会产生不同的意见。因此，高校可以实行换届轮岗制度，通过岗位轮换不断提高财务人员的业务水平和增加他们的工作经验，使财务人员了解不同的工作岗位，使财务人员的思路和出发点相一致。当有不同意见时，我们可以通过内部多方面的讨论和分析，最终选择最佳手段来应对高校的具体情况。

（四）促进内部监督与外部监督相结合

报账监督效果有限，特别是在当前高校加强内部控制、实施"管理与服务"的政策背景下，必须结合高校的各种力量，保证高校资金运用的合理性和安全性。第一，部门审批负责人要提高内部控制意识，监督审核过程。同时，审批负责人要不断提高自身财务知识水平，提高对假发票、假账户的辨别能力，对不合格的报账单据不予审批。第二，上级部门要发挥先监督后控制的作用，加大对资金使用合理监督的力度，确保各项活动在法律法规约束下运行。第三，财政部门可以建立税务发票监控系统来辨别发票的真伪，并加强事后的监督，同时，建立相关监管责任制度，如出现假账等情况，可依照该制度进行问责。

第二节 高校科研经费管理

一、科研经费预算控制上的不足

在通常情况下，高校的科研经费被细分为政府资金、企业资金、国外资金以及其他资金。政府资金多是国家部门、科技主管部门为保证基础研究和战略技术突破而安排的经费，多为垂直管理的，申请和审查流程复杂。企业资金是指普通高校的研究和企事业单位合作的资金补偿，经费管理比较灵活，近几年其比例在增加。国外资金的投入是指国际组织的资金分配和捐款。其他资金是民间委托高校合作投入，这部分资金占比不大。

（一）预算执行不充分

在以往的工作中，财务部门对科研项目预算执行的意识比较薄弱，没有严格的预算控制机制，经常使预算编制流于形式。具体来说，现在的财务系统通常只控制"会议费""劳务费""国际合作和交流费"三项，但其他科目不设费用限制，由项目负责人自行安排。一些研究人员对经费的管理和使用过于自由，不符合规范，随意分配高校的费用支出，导致分配不均或者不合理，甚至远远超出所得的经费，财务管理出现纰漏。在项目验收阶段，项目因预算执行问题被审计人员要求改进，甚至出现验收不合格的现象。上述预算执行不当的行为容易使预算执行丧失管理约束力，形成经费管理风险，降低经费管理效果。

（二）经费管理宽松

横向科研经费一般是科研人员与企事业单位、社会团体协商合作，通过技术开发、技术转移、技术咨询、技术服务等方式取得的经费，相关金额在纳税及扣除管理费后直接转入项目负责人的横向科研项目卡，没有像纵向科研经费那样详细的基准和制度，管理比较宽松。由于宽松的管理方式，一部分科研人员误认为横向科研经费可以完全自由支配，造成了经费使用中的不当现象。另外，一部分科研人员认为，任何发票都可以从横向科研经费中报销，或者将纵向科研经费无法报销的发票放入横向科研经费中报销，虚开发票，通过造假取得横向科研经费。少数科研人员从横向科研经费中任意分派劳务费给自己，甚至向亲属分派劳务费，或者向学生分派研究费后再让学生付钱，把横向科研项目作为赚钱工具。极少数科研人员和社会企事业单位的有关人员串通，通过向有关人员索要回扣、结算收据等方式谋求私利。纵观科研经费的审计工作，有时会出现与预算不符的支出。项目负责人往往将这些支出计入横向科研项目，重复同一支出调整账目。从某种意义上说，横向科研经费是纵向科研经费支出不当的基础。

（三）剩余资金管理不到位

现在很多高校的科研经费管理中有会计问题。剩余经费的管理很简单。理论上，剩余经费管理应按照项目主管部门经费管理办法的规定，研究项目结束后或验收后，高校科研管理部门要及时通知财务部门。财务部门应及时催促项目负责人在规定的时间内办理结算手续，避免结算期延长。高校要及时处理科研剩余资金，防止科研资金浪费和流失。实际上，剩余资金的支出范围、使用期限并无相关限制，因此经费由项目负责人自主支出，科研管理部门和财务、审计部门均无法进行管理，剩余资金长期处于无监督的局面。其原因是，课题结算主要通过课题负责人自动提交结算书，财务部门对这个过程的管理处于被动地位。课题负责人未自行申请结算或项目过期后发生问题，科研部门和财务部门不能及时沟通交流。另外，考虑到研究项目结束后的成果鉴定、后续的研究活动和研究开发的需要以及研究生培养等费用支出，项目负责人的结算热情一般不高。因此，已经验收合格的项目的剩余资金被长期占用。这不仅影响了科研经费的使用，对科研经费的分析也有负面作用，增加了科研经费的管理成本。

二、加强科研经费管理的对策

通过分析和探讨科研经费管理中可能存在的业务风险，根据自身的业务经验，深入思考如何防止上述业务风险，提出高校科研经费管理的对策，我们认为可以从以下三个方面进行论述。

从预算管理流程来看，科研经费的预算管理机制主要包括以下三个级别：预算编制机制、预算执行机制、预算调整机制。我们从这三个级别中，探索制定预算管理机制的具体对策。

（一）完善预算编制机制

财务预算执行内在规矩及时间节点规矩与服务对象的要求存在偏差，致使服务对象对财务工作产生误解。预算执行是指一个单位与个人以预算为标准组织或开展业务活动的行为，包括从预算审批下达到预算期结束的整个过程。在这个过程中，财务部门需要通过过程监控、执行进度跟踪、信息反馈、预算调整或预算统筹等手段，促使预算执行不偏离预算标准或内在规矩。如果没有预算执行的这些内在规矩，预算执行的过程和结果就会偏离预算的方向和目标。然而，在现实的财务工作中，财务工作的服务对象对这些内在规矩或标准不认知、不掌握，缺乏规矩意识，当财务部门按预算执行的内在规矩进行监督时，其就存在抵触情绪，把预算执行的严肃性、规矩性抛之脑后。例如，预算项目有资金执行的时间节点，不遵守各时间节点，资金就会被上级收回，而资金使用部门往往不紧不慢，财务部门通过上门督促、下达通知、专门会议等方式三令五申，资金使用部门认为是财务部门单方面行动，资金使用部门的部分负责人对财务工作产生误解。又如，单位资金是单位运行的"血液"，其关键点在于"活"，一"活"带百"活"，而不是沉淀。但现实是每个部门都希望在其账户上的资金越多越好，资金越多好像越有底气，缺少资金流动的概念，缺乏预算的概念。

资金使用部门在安排的预算资金不足以达到其理想状态时，就会对财务工作产生误解。资金使用部门缺少财务风险意识，当财务部门加强风险防范的内部控制制度建设时，资金使用部门人员认为约束了其资金使用的便利性等，从而对财务部门的工作认可程度降低。同时，少数部门项目计划实施存在随意性，导致预算安排不够精准，影响预算执行质量。特别是个别部门存在在专项资金统筹前突击支出的问题。此外，在每年的预算执行审计中发现的许多问题都是预算单位在预算执行时不按财务规矩行事导致的，当然这也与财务部门把关不严有一定的关系。

（二）完善预算执行机制

在预算执行过程中，高校要建立科研经费信息管理平台，加强预算执行控制，不断改进各种项目的预算模板，细分财务核算科目，设置财务警告线和控制比例，做好财务监督工作。如果项目负责人的借款达到了规定金额的上限，或已经到了规定的清算日，在支出超额、预算科目超比例控制等关键时间节点前，应以弹出通知、红色显示等手段及时通知项目负责人。在项目批准后，项目组成员应根据合同约定的金额记入预算系统，在将报销经费登记到系统中时，要按照支出项目的关键词记录。科学选择费用汇总到科目，采用系统警告等手段控制，达到管理经费支出的目的，避免有超出各科目标准的预算支出。

高校相关方面的管理部门和项目负责人需要更加明白自己在科研经费的整个管理过程中所处的位置，清楚如何让科研经费得到有效的使用，完善科研经费的监管体系。高校科研部门主管研究项目与合约，需要与财务部门密切联系，协助其进行经费的监管。财务部门主要进行科研资金的运转与会计核算，引导科研活动的管理者核算项目的预算，审核项目的决算，督促、引导科研活动管理者在项目立项书、合约规定以及其他相关规定的要求下规范运用科研资金。科研活动管理者需要核算项目的资金预算和决算，并且依规操作。科研活动管理者需要主动配合相关机构的审查，依照规范按时完成科研项目的课题和账款流程，并且担负起科研资金使用过程中的各项责任。科研部门、财务部门以及科研活动管理者应该各司其职、相互联系，共同促进科研资金的合理使用。

（三）完善预算调整机制

对于需要预算调整的科研项目，高校必须在权限范围内按照规定明确项目的预算调整范围、金额、审查流程和审查权限。加强科研人员关于预算调整的概念认知，促进其进行科学合理安排。另外，高校还应建立科研财务助理制度，让专业财务人员协助科研人员编制预算、报销经费，进行财务结算和验收工作，必要费用由科研项目经费解决，从而使科研人员从繁杂的财务事务中解放出来，专注于科学研究工作。

三、规范横向科研经费管理

毫无疑问，大力发展横向科研活动可以大大提高高校科研人员的主观能动性，有助于科学研究成果的转化，实现社会、高校和科研人员的多个主体共赢。鉴于近年来横向科研经费规模持续扩大的情况，一些高校为了加强横向科研活动的管理，制定了详细合理的横向科研经费管理方法，对科研人员进行横向科研活动有一定的规则约束。横向科研经费的管理也采用预算制的手段，财务部门和高校的科研管理部门一起对横向预算编制进行指导和审查。根据项目实际需要增减相关预算科目，明确横向科研经费核算标准和细则。同时，横向科研经费要严格按照合同约定和批复预算，按照科研活动的实际需要支出。项目经费支出计算管理严格按照《高等学校会计制度》的有关规定执行，在规定的项目支出预算科目体系（按支出功能）内，结合高校的会计科目计算体系，结合资金性质、出处、项目类别、部门（单位）、支出属性、资金的主要支付手段等分类进行多维会计处理和管理。在支出审查方面，特别要注意从纵向到横向的支出审查，对于违反相关规定和政策的横向科研经费，高校可以统一处理。另外，本书需要特别指出的是，横向课题的收费金额是双方协商的，费用标准应尽量明确，应避免有意以低价提供服务而从其他渠道获得不正当回报的风险。

四、规范科研项目余额管理

国务院办公厅《关于进一步完善中央财政科研项目资金管理等政策的若干意见》明确规定了研究项目剩余经费的用途和结算时间。剩余资金可按规定留存单位使用，规划安排两年内用于科研活动的直接支出。两年后未使用的物品按规定回收。因此，科研部门和财务部门要按照国家有关周转资金使用的规定，积极制定相应的细则，加强部门间的合作，高度重视科研项目的课题和会计管理工作，认真调整和安排剩余资金，切实做好结转资金的保留处理工作。

按照项目负责人的计划，按照科研进度，科学、合理、有规律地使用科研经费，避免经费结余两年以上被收回，造成科研工作不必要的损失。

五、避免违规使用科研经费的管理方式

监督管理科研经费是持续推进科研工作过程的保证，对科研过程有很大影响。规范的科研经费使用可以在合理的限度内，让科研人员自主地进行课题研究，享受充分的科学研究自由，进行高效、高质量的科研活动。对此，我们认为从以下六个方面可以避免违规使用科研经费。

（一）加强相关法律法规的宣传教育

这几年，违法占用科研资金的事件时有发生，主要原因是高校的科研人员科学使用科研资金意识不足。例如，一部分科研人员以不符合实际情况的票据记账计算费用。这在一些方面阻碍了科研活动的日常进程，同时也违反了一系列的规范标准。因此，相关机构要加强与高校资金管理部门的联系，以有效的方法促进科研经费使用规范化。与此同时，通过宣传教育等方式，准确定位相关人员对资金的所有权和使用权，并从培养科研人员观念的角度出发，使其自觉遵守国家在这方面的规范，适当运用科研资金，提高资金运用效率。

（二）加强科研经费的监督检查

高校应积极按照财政部制定的有关研究经费监督管理规定，建立监督管理和使用科研资金的体系，严格科研项目管理人员的资金运用，并保证手续的完整性、账簿的明确性，实现审查无误通过，达到监督管理的要求，保障科研经费的适当分配。同时，加大监督管理和科研经费的审查力度，通过有效手段避免伪造、截取、占用科研资金等违法情况。未按规定运用资金，违反有关规定的科研人员，应给予严厉处罚。

在决算过程中，审核所起到的作用十分重要。相关部门在这一环节容易搞形式主义，没有切实履行审核职责，只是应付完成任务。有的部门在审核的过程中过度依赖计算机，对技术审核推崇备至，而法律法规的政策性分析却可有可无。这种"重速度""轻质量"的做法直接导致决算出现问题，如概念模糊、对重要的财务活动概念缺乏必要的解释说明，以及在真实性方面受到质疑。另外，很多部门对于审核人员并没有进行系统性、理论性的职业培训，所以在决算审核的过程中，他们的审核工作并不十分规范，不能起到重点把控、

严格把关的作用，导致整个决算数据无法成为参考依据。除此之外，审核人员的职业道德水平也从客观上影响了审核的真实性。由此可见，审核的力度不够，监督不够，会使决算失真。

（三）完善校内科研项目经费管理制度

对于目前科研资金运用和监督过程中存在的不足，各高校应当根据《关于进一步改进和完善省级财政科研项目资金管理等政策的实施意见》的有关规定，综合不同的现实问题，想方设法解决问题。特别是对于目前横向科研经费的运用和监督管理中的诸多不足，高校需要建立更加完善的横向科研经费的监督管理体系，进行横向科研经费的监督管理。各高校必须限制横向科研经费的收入和支出，资金必须严格按照科研过程的要求使用。在横向科研中，如果研究人员为了自己的利益而骗取科研经费，损害学校的利益，一定要追究相关人员的责任；情节严重的，应当追究其法律责任，给予相应处罚。

（四）完善相关责任制

高校科研管理部门和项目管理者需要明确科研经费在整体管理过程中的位置，明确有效使用科研经费的方法，完善科研经费管理系统。高校科研管理部门主管研究项目和合同的人需要与财务部门密切联系，协助经费的监督管理。财务部门主要负责科研资金的运转和会计处理，引导科研活动的管理人员进行项目预算，审查项目决算，促进和指导科研活动的管理人员在合同规定及其他有关规定的要求下规范使用科研资金。科研活动的管理人员需要进行项目的资金预算和结算，并按规定操作。科研活动的管理人员需要积极配合相关机构的审查工作，按规范按时完成科研项目的流程，并承担科研资金使用过程中的各项责任。科研管理部门、财务部门和科研活动的管理人员应当相互联系，共同促进科研资金的合理使用。

（五）加强科学业绩评价机制的构建

目前，高校研究项目的业绩评价仍处于初级阶段，各方面需要共同努力构建合理运用科研资金的框架，进一步完善科研项目体系，考查该项目的社会效益和经济效益，需要提高监督管理科研项目的水平，增加运用经费的收益。在科研活动的不同阶段，科研人员每次提取科研经费后，有关部门要根据不同阶段产生的成果进行业绩审查。通过审查，可以让科研人员将所有的科研资金运用在科研活动中，可以得到更好的科研成果。

（六）加强科研项目剩余资金的管理

科研项目的完成阶段往往是高校科研活动资金最容易出现问题的环节，从表面上看，此阶段经费款项已还清，然而现实并非如此。各高校要根据科研项目资金管理办法，考虑每个学校的情况，规划校内资金结算流程，确定资金结算的日期和剩余资金的使用方向。在科研活动结束后，高校有关部门应及时向财务部门报告。科研活动的主要负责人在半年内要按照规定完成相关的手续。对于无原因逾期不付款的科研活动，校方有权按规定进行清算。

六、高校科研经费的投入影响机制

科研活动对于一个国家和地区经济的高质量发展是非常重要的，足够的科研经费是科研活动开展的物质保障，科研经费的投入可以促进经济社会的发展。高校作为区域改革创新的主体，近年来加大的经费投入是否起到了助力经济增长的作用，在这个过程中受到了什么因素的影响是我们探讨的问题。

（一）科研经费投入是开展科学活动的物质前提

充足的科研经费投入是高校科研活动顺利开展的重要保障，高校科研经费投入的规模和结构直接影响到高校的科研能力和效率。高校科研经费的主要来源渠道是政府经费投入和企业投入。一直以来，政府都非常支持高校的科研工作，希望能最大化发挥高校的科研能力，创造更多的经济社会效益。高校由于其学科齐全、知识密集的优势，是国家创新系统不可或缺的组成部分，是一个国家技术发展的重要创新源泉。科学知识是一种带有公共物品性质的知识，虽然其生产成本很高，但是传播成本却很低，在使用上也没有独占性及排他性的特点，因而很有必要由政府来提供科学知识，或者说由政府牵头主导创造。高校作为科学知识生产的重要基地，很多国家都会对高校提供财政资金支持。政府经费投入是科研经费投入的重要组成部分，一般占据很大的比重，政府经费投入的资金主要来源于财政收入。财政收入的多少通常与该地区的国民生产总值是密切相关的。为了区域科技创新和经济的可持续发展，国家和地区的有关部门都会将财政收入的一部分作为科技投入。政府的科技投入能够有效地消除创新主体在科研过程中的风险顾虑，激励创新主体开展技术和科技创新。另外，政府科技投入还发挥着示范和保障作用，能够提高企业和其他机构投资相关科研活动的积极性。科研经费投入是对信息生产活动的资金保障，而这些信息的公共产品性质使科研活动的从事者并不能完全占有其带来的全部利益，企业利益在一般情况下会小于社会利益。因此，如果把这类信息的生产完全交给市场，从追求利润回报的角度，企业通常会缺乏资金投入的积极性。由于从事基础研究和应用研究所获得的自身回报和社会回报相比差距更大，企业的参与动机不强。基于上述原因，政府的经费投入是必不可少的，能对基础研究和应用研究的有效开展起到一种资金保障作用。

（二）高校科研活动是影响过程的发起端

高校科研活动具有知识外溢的特性，在区域经济社会发展中发挥着"助推器"的作用。高校历来是一个培养人才的基地，高校在开展科研活动过程中也承担着培养科研人才和应用人才的作用，年轻的研究者能够学到新的知识和解决问题的方法。随着知识经济的到来，高校的职能在不断演变，从最初的教学型院校到现在将科学研究和人才培养相结合，在科学研究的过程中培养人才，能够提高人才培养的质量。高校科研活动为区域经济发展带来很大的贡献。

第一，高校科研活动促进技术进步。高校科研活动能带来知识创新，知识创新能带动技术进步，尤其是基础科学知识的重大突破能够催生新的科学思想和理论，能产生颠覆性的新技术，进而能够促进区域经济增长。已有的研究成果表明，高校科研活动为国内生产总值带来长远的正向影响。

第二，高校科研活动助推区域产业结构优化升级。高校科研活动的创新产出成果会以知识溢出的形式带动区域产业的发展，进而助推区域产业结构的优化升级，尤其是能够带动高技术产业的发展。比如，美国的硅谷、中国的中关村、日本的筑波科技城等高科技园区，都是高校经济圈输出的科技成果带动区域产业结构转型升级的重要体现。

第三，高校科研活动增强区域创新能力。高校作为区域创新体系的重要组成部分，与企业以及科研机构之间存在互动，高校培养的高层次、创新型人才和创造的知识能增强整个区域创新体系的创新能力。

（三）企业是影响过程的接收端

现代区域经济发展理论认为，一个地区经济要拥有强劲的发展动力，应该打造自己的竞争优势，应该把重点放在区域创新和区域智力资源上，强调通过加强区域创新体系的建设来打造自身的区域竞争优势。区域创新体系是一个以高校、企业和科研机构为核心主体，政府和中介服务机构为辅助主体的创新系统。区域创新体系视角下高校科研活动是高校科研经费投入影响经济增长过程的发起端，而企业则是影响过程的接收端。

在区域创新体系中，高校、企业和科研机构是创新系统的中流砥柱，在区域协同创新中三大主体发挥着不同的作用。高校的重点是进行基础性研究，承担的是人才培养和知识创新的生产功能，是创新知识的源头；企业主要负责的是知识和技术的应用职能，企业是区域创新系统中最为重要的主体，创新的最终目的是实现科研成果的经济效益，而要实现科研成果的经济效益就要让科研成果商业化；科研机构承担的是知识和技术创新功能。高校科研产出成果会以知识溢出的形式影响企业的生产效率，高校开展科研活动产生的新知识会以论文发表或专著出版的方式转化为企业的知识存量，为企业的科研活动提供新的理论和原理参考；高校的发明专利和技术成果以出售转让的方式转化为企业的现实生产力，解决企业在生产中遇到的技术难题；高校培养的优秀人才加入企业的经营管理中，提高企业的生产效率，也为企业开展技术创新提供人力资本支撑，高校的科研人员为企业提供技术咨询和技术培训。另外，高校与企业也通过校企联合科研的方式取得关键技术领域的突破，开展信息产品的开发，或者由企业提供科研经费，以科学问题研究的形式全权委托高校开展课题研究，解决企业在现实生产中遇到的难题。高校作为科研的重要基地，主要承担的是知识生产和人才培养的职能，并不能将所有的科研成果转化为现实生产力。而盈利是企业存在的价值，没有商业价值的企业是无法生存的，企业会积极发掘高校产出成果的商业潜力，是将科研产出成果转化为现实生产力的转化器。

七、改革创新对经济增长的贡献度

　　科研经费的投入助长经济增长往往通过改革创新产品的市场化和商业化的间接途径来实现。新产品采用了新技术和新服务，其产品的性能和使用功能具有一定的竞争力。以科技创新产品为主导的产业具有知识和技术密集型的特点，对经济增长的贡献具有长期稳定性。目前，中国处在工业化的中后期阶段，为此制造业领域也是科学研究的重点领域。因此，我们以高技术产业的销售额和GDP为视点，计算区域科学技术的进步对经济增长的贡献度。高技术产业的销售额占GDP的比重，从2008年的17.55%到2017年的19.25%，增长1.7%，增长幅度很小（图2-2-1）。这标志着我国科研创新产品没有及时得到转化应用，科研创新对经济增长作用还需要加强。

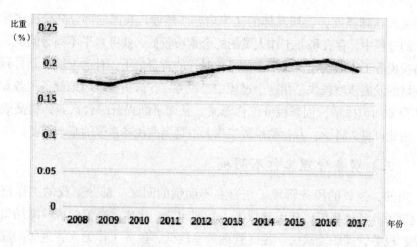

图2-2-1　高新技术产业主营业务收入占GDP比重图

第三节 高校内部税务管理问题

一、高校内部税务管理存在的问题

当前，高校内部的税务管理工作已经成为高校各方面工作顺利开展的关键环节，因此如何优化管理模式、创新管理形式，针对所出现的具体问题及时提出解决对策，是相关单位负责人需要重点思考的问题。本节从以下几个方面剖析了当下高校内部税务管理工作存在的问题。

（一）缺乏先进的税务管理理念

在新形势下，一些高校管理者缺乏先进的税务管理理念，依然按照固有的管理模式处理高校中的各项事务，包括税务管理工作。部分高校并未设有税务管理部门，未组建专业的税务管理队伍，负责税务工作的人员缺乏税务知识储备和科学、专业的税务服务理念，从而阻碍了高校的税务管理工作。这些问题的出现源于高校负责人自身的税务工作观念淡薄，缺乏先进的税务管理理念，他们往往把高校的税务工作等同于财务工作，安排财务系统的工作人员兼职税务工作，因此容易导致高校税务管理工作滞后。

（二）相关工作人员综合素质与业务能力不高

随着新一轮财政与税务的进一步改革，以及现代化财政体系的基本建立，法律工作已经成为我国社会改革的关键环节。当前，税务工作的开展必须依赖于相关的法律条文，参照具体的法律内容。然而，我国的部分高校在实际开展工作的过程中，存在税务工作人员的综合素质较低、业务水平不高等问题，阻碍了高校税务工作的快速发展。在信息化时代的背景之下，社会发展日新月异，税务领域的发展速度较快。在这个过程中，税务工作人员要及时地储备税务知识，更新税务知识体系，创新税务工作形式，从而不断提升综合素养，提高业务能力。由此可见，科学、专业的税务工作人员是当前税务系统的基本需要。

（三）税务管理工作不明确

当前，高校的税务管理工作存在不明确的问题。部分高校的工作机构中未设置税务管理部门，从而导致了一系列问题。比如，高校的税款缴纳机制不健全、税务管理职能缺失、税务管理效率较低、税务工作无人管理等问题。另外，部分高校的税务管理工作由于未设置相应的管理部门，因而出现在工作繁忙时，税务工作由财务部、后勤部、行政部等多个部门交替负责的混乱局面。简言之，哪一个部门的工作相对不忙，便由哪一个部门来负责税务工作的落实与开展。这种多个部门交叉管理税务工作的形式对于高校的建设及稳定发展具有较大的风险。

二、高校内部改进税务管理工作的对策

当前，针对高校内部税务管理工作存在的问题，相关单位负责人必须予以高度重视，并且要具体问题具体分析，召开相关工作会议，并充分结合现实情况，积极制定应对策略。

（一）积极建设高校内部税务工作的职能部门

积极纳税是每一个公民的法定义务，高校也不例外。在国家税务工作中，高校税务工作能否正常开展，在一定程度上影响着高校的建设与发展。因此，相关单位的负责人应该重视并积极落实设置校内税务职能部门这项工作，严禁由后勤部门、行政部门等非专业性质的职能部门主要负责税务管理工作，否则会导致高校内部税务管理工作职能缺少、问题频繁、局面混乱的情况发生。另外，高校在内部税务职能部门建设完成后，应该积极选用具备专业能力的工作人员，从而进一步完善和发展高校税务工作，形成税务工作良性运转的体制。

（二）选拔并任用专业化的高校税务工作者

随着我国税务体制的深入改革和发展，我国税务体制下的税法种类丰富，税务工作相关内容变化较快，因此在高校开展税务管理工作时，必须积极选拔

并任用具有较强的税务专业知识、综合素质较高的人才，使其参与到高校内部的税务管理工作中来，以打破我国高校内部税务管理工作滞后的局面，为税务管理工作注入新的活力，促进高校税务体系的完善和发展。

（三）更新税务管理的工作理念

在通常意义上，高校内部税务管理工作并不是一项单一性质的工作，它是一项具有系统性、科学性的税务工程，这就需要高校税务体系下的工作人员充分学习并理解系统化的税务知识，并结合自己学校的实际情况，合理利用所学到的税务知识来解决高校内部税务管理工作出现的问题。此外，高校内部税务管理工作人员在开展税务管理工作时，应该坚持以国家的税务管理条例和税务工作规定为前提和基础，及时更新税务管理工作理念，促进高校的建设和发展。

第四节　高校财务信息化管理体系

一、信息化管理背景下高校财务管理现状

（一）信息化管理是时代发展的需求

随着高校教育的持续发展，国家有关部门不断提高对其重视程度，相关政策法规也不断改进。在此背景下，高校财务管理现状不断暴露不足之处，必须改革传统的财务管理方法。高校财务管理工作越来越复杂，学校运营形式多样，总体规模不断扩大，学校运营特色突出，导致学校财务预算增加。在财务管理方面，高校财务管理体系的构建要求严格遵守国库集中支付制度、预算制度，在高校内部形成有效控制的局面。在信息化建设方面，数字校园建设出现，在信息化的背景下，面对新兴教育形式，原财务管理支持系统已经逐渐暴露其不足。

（二）高校财务信息化管理缺乏专业性

互联网科技的发展给高校在财务管理方面的工作带来了一定的便利。互联网是一把"双刃剑"，它为高校财务管理带来便利的同时，也为高校财务管理工作的安全性埋下了隐患。例如，黑客入侵、数据泄露等网络财产安全问题，对高校财产管理来说也有风险，这与员工的专业性和业务水平有很大的关系。

由于员工对系统和平台没有全面、充分的了解，导致高校在财务管理工作开展出现问题时，对高校财务管理信息系统造成不利影响。由于工作模式的改变，员工还无法正确认识财务管理的重要性，财务管理观念、模式也相对落后。在互联网环境下，高校财务管理工作人员的风险意识对于财务管理工作十分重要，如果财务管理工作人员无法意识到这一点，就会给高校财务管理工作的进一步发展带来障碍。

一些高校财务管理系统是通过第三方公司购买的，校内没有专业的财务系统技术人员，导致软件的后期维护和开发依赖第三方公司的软件开发人员。因为地域原因，在遇到技术性问题需要解决时，通常都是依靠软件开发人员进行远程维护。开发一个新的功能所需要的流程是很长的，需要公司从财务人员中获取需求，由领导审批后再移交到公司，公司内部也需要有一整套审批流程。这一过程还包括可行性分析、投入开发工作、测试、投入使用。因此，一个开发流程需要耗费很多时间。

（三）信息化的技术存在不足

高校的财务改革是一个漫长的过程。在运用信息化工作平台的同时，高校还需要具备自主研发能力和网络维护能力。但事实上是，我国高校大部分财务管理信息化工作平台都不是自主研发的，而是借助外力来运营和维护的。另外，由于高校工作的调整，信息化工作平台也需要不断升级。虽然这符合学校整体工作的需要，但事实上由于管理成本高、管理费用大，高校资金不足和信息技术不足，导致系统维护不到位，运行不顺利，在运行过程中出现了各种问题，对高校的财务管理产生了很大的影响。利用信息技术进行联网的财务管理，需要高校在长期发展过程中制订完整的计划，进行全面安排。要发挥财务管理信息化系统的最大作用，高校必须首先协调各种系统软件，统一调整系统之间的工作程序和关系，才能在财务管理信息化建设中取得成绩。这可以保证高校的财务管理系统可靠、健康、持续、高效地发展。

网络和硬件的安全稳定性是财务信息化实行的重大隐患，部分高校在利用财务信息化进行管理的过程中，缺乏网络安全风险防范意识。系统涉及很多部门和师生的基础信息，是不法分子的攻击目标，很多财务管理系统都是只对内网，这对网络安全性有很大的保障，但其中也存在众多不稳定因素，如果跨校区或跨地域使用，则需要远程进行连接操作，在文件传输时随意使用U盘，在不经意间可能会传播计算机病毒，给网络安全埋下隐患。计算机技术日渐发展，而计算机病毒等安全隐患也层出不穷，网络安全威胁一直存在。

一方面，由于接口类型参差不齐，各部门之间数据互通存在障碍，造成数据更新不同步、推送不及时等问题。另一方面，在功能性上，财务管理系统虽能满足很多日常工作基本要求，如入账、核算、收费、发放酬金等，但各高校的业务细节都有其特殊性，系统需要满足这种个性化需求，如报销审批的流程、学费收费指标、项目管理、预算申报的业务工作等。在需求获取和开发的工作上，高校需要投入较多的人力和时间。

二、高校财务管理的重构

高校财务报告在高校实施《政府会计制度》后，作为信息披露的最主要、最直观的载体，其制作质量是报告使用者对高校委托责任履行情况最直观的判断。高校财务报告必须在高校财务预算实行中按照《政府会计制度》的要求高质量计算，以权责发生制为基础编制的财务报表和以收付实现制为基础编制的预算财务报表必须科学严格编制。这样形成的财务报告可以向报告使用者提供更真实和更准确的信息。实施新制度后，特别是在运行初期，在实际运行过程中，要按照"双重基础、双重分录、双重报告"新的计算体系要求，实际计算的难度提升和计算量增加。在这样的背景下，财务系统不能按照之前的计算设定。

（一）高校内部会计控制制度的重构

随着数字化校园子系统会计信息化系统的建设，财务部门内外部的环境发生了根本性的变化，需要适应信息化的内部会计控制制度和控制手段的再设计。

①谋求完善会计内部控制制度。完善授权控制制度，建立新的会计岗位责任制，维护会计信息系统的安全，保证会计信息系统的正常运行应该包含使风险控制点前移的内部会计控制制度。

②在数字校园系统中，风险控制点向前移动很重要。例如，校园的"一卡通"系统和财务会计过程是分不开的。校园"一卡通"系统提供多种自动化、自助功能。例如，校园卡的消费、各种费用的支付、消费记录的查询等。学校其他管理部门也需要收集各种数据，要把会计控制的一环在交给财务部门之前设置。

③会计审查过程应符合电气化和网络化的要求，实现在线会计审查签名制。学校各部门按照审查顺序，分级授权，利用移动办公模式，各级授权人员通过手机终端实时传递信息资料，查阅并处理系统的审批要求，及时实现审批结果，必须实现"承认"和"执行"的网络化和电子化。

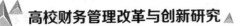

④完全控制会计信息系统。高校派遣专家成立会计情报学部是必要的。其可以进行日常维护，建立完整的运行维护管理系统和信息安全管理系统，定期邀请第三方机构评估信息系统的安全性，不断更新信息系统，使信息系统安全有效地为学校各部门提供安全、良好的服务。

（二）高校内部会计信息系统的重构

①构建学生管理系统、教育管理系统、固定资产管理系统、后勤管理系统等学校的各管理系统和会计信息系统的数据接口。为了实现跨越校园的各管理系统和平台的会计数据传输，高校需要转换数据接口。通过开发工具，可以实现和第三方软件的对接。会计系统可以直接从第三方软件中提取数据生成财务凭证。通过数据接口的转换，财务人员可以在校园网络平台上跨系统处理一些会计业务。例如，与学生管理系统和教育系统对接，可以处理学生的学费支付、奖学金支付和奖学金支援业务；与学校的固定资产管理系统对接，可以实时处理固定资产的计算；与后勤管理系统对接，可以办理学生宿舍退票、学生电费征收、网费征收等业务。

②及时披露会计信息。借助数字校园系统的相关公共平台，构建高校会计信息公开平台，变更会计信息的输出方法和手段。通过云平台整合资源，可向终端发送相关会计信息。例如，可以通过校内各终端提供信息检索服务。通过自动终端可以向学生提供学费和奖学金查询、水费和电费查询等财务信息，向员工提供工资查询、事业费查询、预算执行情况等财务信息。利用财务信息披露平台，可以向高校内部各职能部门提供财务信息，利用中间数据库转换财务数据，发布预算执行状况、财务收支状况、资产变动状况、研究经费使用状况等财务信息。要实现高校会计信息的公开应当阶段性地建立高校内部和外部公开的会计信息系统。

高校内部会计控制制度是高校内部控制制度的重要组成部分，对加强会计监督，提高会计信息质量，保护资产安全、完整，提高高校管理效率具有重要作用，也是衡量高校管理水平的重要标志。在会计实务中，高校应依据《教育部直属高校经济活动内部控制指南（试行）》要求，规范会计业务流程中各个岗位的职责，细化会计人员的工作内容，并做出详细的解释和说明，防止会计人员因个体局限性导致主观判断出现偏差而造成失误。会计工作内控体系的设计要使会计人员便于熟悉高校内不同部门的工作职能和业务流程，使其从真正意义上参与学校的管理工作，对学校的各项具体业务和所处的社会环境及市场环境有较深层次的了解，具有全局性、整体性观念，其做出的职业判断才能降低主观判断偏差而导致失误的风险，保证职业判断的完整性、准确性。

现阶段，我国高校财务主要采用电算化会计信息系统进行财务管理和核算。电算化会计信息系统是基于电子计算机的信息技术在会计工作中的应用。它通过会计软件命令计算机设备来代替手工完成会计业务处理，实现了数据处理的自动化。它是从传统手工会计信息系统发展而来的。随着我国对教育事业的高度重视，资金投入的逐年增加，资金管理的复杂性和难度也不断增大。伴随社会对信息化要求的不断提高和网络技术的突飞猛进，会计电算化已越来越难适应时代的要求。如何使财务信息不成为孤岛，与其他部门实现信息资源共享，化解日益增加的业务量与人员短缺、管理手段相对落后、办事效率较低的矛盾，成为高校财务管理的当务之急。会计电算化向会计信息化的转变，是信息社会对高校会计的新要求，适应会计信息化潮流是高校会计的一项重要举措。会计信息化是利用现代信息技术对传统会计模式进行重组，并在现代会计信息重新组合的基础上，建立高度集成、全面开放的现代会计信息系统。随着信息技术和会计科学的发展，实现高校会计信息化是高校领导通过网络获取会计信息、解决会计电算化系统中的孤岛问题、简化会计核算程序和加强财务管理的必经之路。

会计人员职业判断出现的问题主要体现在会计人员因为个人业务水平、道德素养等因素导致的对同一会计事项主观判断结果出现偏差。偏差的出现会影响财务报告的信息质量，最终影响管理层的决策。要降低会计人员主观判断偏差的影响，一方面，要转变观念，增强高校会计人员的职业判断意识。目前，高校会计制度对会计科目和核算的具体内容都做了详细的解释和说明，这在一定程度上约束了会计人员职业判断的范畴和内容，但具体到实务操作时，还是会因为会计人员专业水平差异、看问题的角度不同、缺乏职业判断意识等因素，出现会计科目录入不一样等情况。另一方面，要加大高校会计人员的职业培训和教育力度，提升会计人员的职业技能和综合素养。只有高校会计人员的专业素养整体上提高了，才能在讨论、判断会计事务时统一认识。

优化高校会计人员的从业环境，约束高校会计人员职业判断能力的主观性因素，可提升高校会计人员的职业判断水平。从业环境有外部环境和内部环境之分。外部环境主要指在整个社会中与会计相关的法律法规、会计制度是否健全。健全的法律制度才能保障会计人员在职业判断时有制度的约束。内部环境主要指高校是否有适应信息时代、大数据背景要求的现代化组织结构，信息是否透明、是否全覆盖。只有信息公开透明，会计操作流程现代化，会计人员才能及时、准确地抓取有用信息、数据，保证会计工作质量，避免因为信息的不对称使会计人员不能对相关信息进行验证分析，主观性判断出现偏差，避免某些单位和个人为自身利益蓄意提交的虚假信息不能及时被发现，影响学校的财务报告质量。

部门决算需要高素质的专业型会计人员，这意味着会计人员不仅要具备基本的财务知识，更需要及时了解国家新出台的相关法律法规，融会贯通，运用到实际的财务工作过程中。但事实上，根据相关考查和科学分析，部分单位的会计人员专业素养较低，对基本的财务知识、计算机应用技术没有了解和掌握，以至于决算报表中常常出现数据混乱、失真错填、"结余"与"净资产"数据不统一且分配混乱、公用项目数额偏大等问题。这些问题无论是从技术层面还是在专业技能方面都体现出了会计人员的能力不足。而恰恰是由于他们的不严谨、能力不足造成部门决算效率较低，还要浪费更多的人力、物力资源再一次进行决算，不仅不能发挥预期作用，还浪费了大量的时间。

三、现阶段高校财务信息化管理存在的问题

（一）财务管理软件安全性不高

目前，一些高校的财务软件是SQL Server数据库，其认为这样的数据库稳定性更好。

但事实上是，该数据库安全性不太高。很多高校都没有充分认识到数据安全的重要性，不知道采取防止数据流出的措施。很多高校的对外网站技术水平较低，没有专业技术人员的维护，如有外部攻击，信息会大量流出，造成财务损失。另外，在内部管理方面，由于没有数据备份，在计算机和服务器发生问题时，财务数据会被破坏，且无法恢复。

（二）相关负责人知识储备不足

高校主要重视财务专业知识的建设，财务部门有很多专业的财务人员，但事实上不熟悉信息化知识。财务信息化建设比全校信息化建设落后，无法实现财务信息化管理的高效的目标。另外，对财务负责人的信息化知识教育也存在不足。高校对财务负责人缺乏专业的信息化培训。在数据化和信息化的时代，新科技高速发展，财务管理信息化要求越来越高，对财务人员操作能力和信息化能力的要求与日俱增。

（三）财务信息交流不够，审批方式单一

我国一些高校的财务信息相对封闭，不与教育管理系统、科研管理系统、学生管理系统、资产管理系统等信息资源部门连接，无法实现信息共享，容易形成信息孤岛，造成工作重复、效率较低。一些高校的财务审批方式单一，仅采用人工递交审批方式，办事效率较低、工作量大、步骤烦琐，结算方式单一，报销方式还停留在刷卡和现金支付上，随着网银及微信、支付宝等移动支付在社会上的广泛应用，其已无法适应社会发展的需求。

信息时代的到来对高校财务管理工作提出了新的要求，而财务管理是高校最基本的管理活动，涉及诸多领域，贯穿始终，已日渐成为高校管理的核心。财务信息管理需要不断优化，在实施的过程中也遇到了诸多问题，如高校财务投入的人员问题、财务信息系统的技术性问题、学校用户之间存在的业务问题。在高校会计实际工作中存在部分业务处理停留在会计电算化阶段，采用手工方式报销会计业务，应急能力较差的问题，特别是年末教师集中报账时段，易出现财务人员短缺、报账过程的无计划排队、报账人员无法预知报账时间等情况，满足不了广大师生的需求。绩效评价能力差，日常工作用在应付各种报表上，没有开发一个完整的内部绩效评价体系，无法及时满足决策层的管理需要。

四、加强高校财务信息化管理的建议

（一）提高财务人员信息化管理基本素质

高校在"互联网+"模式下的财务活动，对网络信息化技术也有很大影响。

这对高校的财务负责人也提出了更高的要求。高校财务人员不仅要掌握专业知识，还要掌握互联网技术，熟练掌握信息化的数据处理，在高校财务工作不断发展的同时对高校财务负责人进行"互联网+"模式的财务工作系统的教育，可以提高"互联网+"的使用效率，提高高校财务活动的整体水平。

（二）加强财务数据和系统安全保障

要实现高校财务管理信息化，保证数据和系统的可靠性和安全性是一个重要环节，高校要配备专业技术人员，维护财务部门相关软硬件系统的可靠运行和数据安全。当财务信息系统出现问题时，专业技术人员必须尽快发现问题、解决问题，迅速恢复财务信息的完整性，避免数据的丢失，造成难以修复的错

误。财务信息软件的安全性还涉及财务管理系统的建设，避免因人员流失导致的不安全性事件的发生。

（三）设置紧急措施规避风险

面对各种网络安全危机、不稳定因素，高校财务管理系统只有实现标准、规范的信息化处理，才能实现对财务信息资源的传递、共享、有效利用。高校必须建立安全警报机构，有效保护财产安全，利用数据处理技术、大数据收集技术有效处理和备份财务系统数据，构建高校财产管理系统的网络防火墙，确保网络信息化平台的安全有效运行。同时，员工要提高自身的职业能力和素质，安全有效地运营高校财产管理在线平台。

（四）提高自主科研能力

在信息技术新形势下，提升员工岗位门槛，建立岗前培训机制，对相关信息科技员工加大支援力度，使其在资金保障和制度保障上免于后顾之忧。高校财务管理人员应当加强职业训练，提高自身适应现代科学技术的能力，提高工作水平和工作效率。多方面激发员工学习财务管理信息化知识的积极性，加大资金和物资投入力度，提高财务管理信息化平台对自主开发业务的重视程度，为员工增设信息平台的研发参与渠道，给员工更多的学习机会。通过建立良好的研发氛围和环境，培养更高水平的、技术力量更强的高素质管理人才，不断完善和发展高校信息化财务管理系统。

五、高校管理者加强信息化建设的理念

高校财务信息化建设是高校长远发展的必经之路，对未来有着深远的意义，信息化建设必须着眼于整个高校的管理体制。高校管理者的决策与信息化建设有着密不可分的联系。高校在设计规范上应该注重"内系统、外协调"的总体设想，注重建设与发展视角与实践相结合，协调推进"产学研一体化"的全球信息化建设理念，实现解决业务流程，加强内部控制，规范内部服务。

在加强信息化建设同时，高校还要注重服务和效率，在发展改革的同时，兼顾服务和效率。财务部门作为具有管理和服务的"双重属性"的窗口不能只是增加信息系统的"量"，而无视"质量"，不考虑系统使用者的体验，不考虑系统的便利性和效率性，信息化建设本身就失去了原本的意义。例如，财务清算系统、收费管理系统等，原本是为广大的教师和学生提供服务的，在系统建设升级时，如果不考虑服务和效率的优化，只增加使用者的初始信息的"量"，大幅降低财务部门的服务质量，最终就失去了信息化建设的"初心"。

六、信息系统技术面临的问题

（一）信息平台建设缺乏统一标准

各部门之间的信息系统由不同的第三方公司独自开发，使用的数据库和规则等有差异。跨部门无系统间的相互交流，形成信息孤岛，无法及时共享信息，造成信息延迟、大量数据冗余等问题。在支付工资时，财务部门需要从人事部门取得全校最新的人员信息，项目预算的设定等需要取得科研系统的项目信息，有关财务系统的信息非常广泛。很多高校已经在运行数字校园，通过建立多个系统接口实现对接，但事实上数据对接仍存在问题。

（二）信息化发展进程较长

大部分高校的财务管理系统都是从第三方公司购买的，学校里没有专业的财务系统技术人员，软件的后期维护和开发依赖于软件开发者。如果跨地域技术性问题无法解决，软件开发者的远程维护效果可能不好。开发新功能需要很长的流程，公司从财务负责人那里取得需求，公司内部也需要一系列的审查程序。过程包括可行性分析、开发工作、测试和投入。因此，一个开发过程需要很多时间。

（三）数据更新不及时

由于接口类型不同，各部门之间的数据交换有障碍，产生了数据更新不同步、不及时等问题。在功能性方面，财务管理系统能够满足很多基本的日常业务需求，如记账、核算等。各高校的业务细节都有特殊性，在获得和开发需求的工作中，需要投入大量的人力和时间。

七、学校用户与业务问题

（一）系统用户操作不规范

在使用信息化建设不当的财务信息化管理系统的过程中，很多用户为了贪图方便，随意修改数据使用特定权限，直接跳过必要的业务流程，违反财务管理制度，给财务管理工作带来恶劣影响。不能保证业务数据的正确性。如果财务信息化管理的制度还不完善，怎样改善财务信息化内部控制制度？如何规范信息化的工作流程，设置新的工作岗位？怎样预防财务信息的风险？如何授权信息检索、授权数据共享？这些问题都需要相关的制度保障。在高校实施财务信息化的过程中有各种各样的问题，这些问题对财务管理的优化有着重要的意义。要解决财务信息化中存在的问题，就不能根据自己学校运营的实际情况急于求成。管理者要加强风险意识，经常维护和升级系统，并定期进行网络安全评估。设备的稳定性也是影响数据安全的重要因素。关注财务信息化建设进度，提高财务信息化建设效率，及时跟进项目进度，定期召开项目会议，概述项目进度情况，研究问题和解决办法，完善保障制度，开展科学分配活动，正确了解财务信息，才能使高校财务管理工作向科学健康的方向发展。

（二）财务人员信息技术知识欠缺

财务人员精通财务专业知识，但事实上不精通计算机软件技术，基础知识不扎实。近年来，高校也陆续引进了计算机技术人才，然而他们中的一些人财务知识匮乏，从而出现高校财务人员两极分化的现象。这可以通过培训来提高员工的综合素质，但事实上有些员工缺乏学习意识，甚至有很多员工认为，引入系统是为了简单地使用业务程序，减轻自己的工作，有着依赖系统的心理。

（三）高校管理者信息化认识不足

一方面，高校管理者认为只有软件开发者才能推进财务信息化系统实施，事实上是他们并没有分配财务人员来帮助系统的实施，担心会影响日常业务流程。另一方面，部分高校管理者对高校财务管理系统的功能认识不够深入，未能意识到财务管理系统的信息化建设可以为学校财务管理工作带来便利，这在一定程度上限制了高校财务信息化管理体系的构建。

（四）财务信息化普及力度不够

财务部门为全校师生服务，服务对象涵盖了所有部门。因此，财务信息化的实施离不开部门间的合作。但事实上，很多教师和学生往往不理解、不接受，坚持沿袭旧方法，部门间的工作出现矛盾，阻碍工作的进程。这是因为财务部门和第三方公司对系统面向全校开展的教育普及工作不充分，普及力度较小，无法让用户认识到财务信息化给工作带来的好处。一些有固有思想的教师和学生用户不愿意接受新的东西，也不重视学习。

（五）高校人员投入问题

①在高校财务信息化建设过程中，人员是极其重要的一环。系统在线使用的前提是需求分析，在获得需求方面，软件开发者和用户之间的沟通极为重要。如果沟通不当的话，会出现信息表达和理解差异等问题，必要的功能将无法达到预期的效果。导致功能和需求不一致的主要原因不仅是沟通问题，与软

件开发者的业务水平也有关系。对财务信息化建设的软件开发者的要求不仅是其要有较高水平的计算机信息技术，对其财务专业知识也有要求。在系统实施过程中，软件开发者必须从用户的业务合理性角度来考虑。

②财务信息化系统的业务期长影响项目进展的很多方面，如学校领导的重视程度、人员和资金投入的多少、人员管理的分配、内部审查的效率、校内各部门的合作、项目调查等。

第三章 高校财务成本与财务风险

本章为高校财务成本与财务风险，第一节为教育成本与教育制度变迁，第二节为高等教育成本构成，第三节为高校财务风险，第四节为高校财务风险预警体系的建构——以D民办高校为例，第五节为高校财务风险改革创新的对策。

第一节 教育成本与教育制度变迁

一、成本和教育成本的概念

西方经济学把成本定义为经济资源的牺牲，会计成本的定义可以概括为经济资源的一部分，可以以成本获得某些商品和服务。成本可以用货币单位来衡量。第一，成本培训是基于一定的目标的，可以是有形的，也可以是无形的产品，如新技术等服务。第二，成本是实现一定目标的消费。本书中的普通高校成本倾向于会计上的成本概念，是指普通高校在个人培养过程中所消耗的教育资源的价值，属于教育财务成本。教育成本概念是在教育领域引入成本概念而形成的，特别是机会成本。有必要在教育领域引入交易成本的概念，构建教育交易成本的概念。教育交易成本是指，用于各种教育交易活动的经济资源或支出。它是摩擦成本、信息交换成本、教育组织内部或组织之间人际关系的成本。这些交易成本包括教育人员成本、教育资源配置成本、教育信息成本，教育协调成本、教育系统维护成本和创新成本等。

二、高校教育成本的差异

根据教育的不同阶段，教育成本分为初等教育成本、中等教育成本和高等教育成本。现在，世界上大多数国家的高等教育成本都是非义务教育成本。高等教育成本是指在一定期间内生产一定种类和数量的高级教育产品中投入的各种资源的总价值，包括高等教育期间的高校支出、学生个人生活和学习支出、社会优惠支出减免、学生个人因学习而放弃的收入。高校支出、社会优惠支出减免、学生个人学习和生活支出、学生个人因学习而放弃的收入构成理论性的社会总成本。从理论性的社会总成本中减去学生个人因学习而放弃的收入是高等教育货币成本。高校教育成本是指高校主体在教育活动中为了培养高等教育产品（本书中定义为高等教育服务）而消耗的物质劳动和精神劳动的价值总额。而且这些资源的价值是可以用货币来衡量的价值。高校教育成本是高等教育成本的重要组成部分，主要由以下五个部分构成：第一，教职员工的基本工资、补助工资、其他工资、职工福利费、社会保障费支出等。第二，学生奖学金、物价补贴、医疗费等。第三，教授知识所需的物质技术条件的消耗费用，如实验器具、教育用具、图书资料、教育设备等的消耗支出。第四，教育和行政管理费用，包括办公费、实习实训费、光热费、差旅费、行政设备费、校园绿化卫生费等。第五，外国籍的专家费、外事活动费、学生活动费等。

三、教育成本的控制

学生的高校教育成本是在高校教育成本的基础上建立的，以同级生为基准，是指伴随高等教育产品的培养而产生的物质劳动和精神劳动的平均价值量，是高校教育成本的相对指标。每个学生的高校教育成本与企业的单位产品成本相似，是指高校培养学生的全过程的平均支出。每个学生的高校教育成本也是衡量高校资金使用效果的重要指标。在不考虑教育质量的前提下，每个学生的高校教育成本过高，说明学校的资金利用率低。教育成本控制是指，在教育成本形成过程中，通过纠正教育成本形成的偏差，形成包括费用支出、资源消耗在内的教育成本。受教育成本控制标准限制，各时期各种教育费用的发生额和总成本要按目标完成。因此，教育成本的控制需要在制度环境下采用一定的管理形式和方法，制约和监督各种教育成本的产生。广义的教育成本控制是教育成本管理的同义词，是指针对管理方面所需的教育服务活动而采取的手段，包括努力削减成本，以最低成本达到预定的品质和数量为目的。

四、教育制度及其变迁

根据制度经济学对制度的定义，制度是一系列限制人的流动的规则。教育制度是以规则、习惯、信仰或统一的程序来规定的，在教育领域限制和调整人们行为和关系的一系列规则的集合，用以教育活动的安排和管理，实现教育所设定的目标。教育系统分为正式教育系统和非正式教育系统。正式教育系统类似于教育学中的教育系统，即国家制定教育目的、教育政策、教育经费管理政策、教育行政组织制度、教育制度和教育机构。传统的教育形式和教育制度直接关系到教育实践，不仅存在于非正式教育系统中，也存在于正式教育系统中。

教育制度变迁是指根据人的理性，从一种教育制度向其他教育制度过渡的过程，其本质受效率规律的影响，是人力资本生产和形成过程中产权制度配置的自然进步或变化。从新制度经济学的角度看，教育制度变迁可分为义务教育制度变迁和诱致性制度变迁。义务教育制度变迁与正规教育制度的变迁相似，由教育主管部门进行宣传和实施。这种制度变迁不需要教育活动参与者的同意，可无条件地实施。诱致性制度变迁与非正规教育制度的变迁是相似的，其主要是指观念、道德、文化等方面的变迁过程。行为和习俗与教育实践密切相关，是对正规教育制度的补充，是一个渐进的变化过程。

如果净利润或通过现有制度获得的利润低于未来教育制度的净利润，就可能导致制度变迁，其内在原因是主体对教育制度的偏好和预测。社会的进步和科学技术的发展为制度变迁的主体提供了多种制度安排，它降低了新制度安排的运行成本。本书分析的成本概念主要集中在高等教育成本上，成本控制的概念相当于成本管理的一般概念。

第二节 高等教育成本构成

一、高校教育成本控制的基本原理

（一）高校教育成本控制的含义

从字面上分析，"控"是掌握，"制"是限制，控制是掌握和限制的意思。从科学定义来说，控制是在预定条件下影响过程或一系列事件以实现预定目标的组织行为，或者指的是通过传达、转换或处理某个信息来发出指令并调整其他系统的操作的系统。高校教育成本控制是根据教育成本预算，监视教育活动中发生的资金费用，发现偏差，纠正偏差，保证高校教育成本预算的完成的活动。

（二）高校教育成本控制的内容

控制系统由控制主体、控制程序和控制对象组成。对于高校的教育成本控制来说，控制主体是教育成本控制机构，即高校。控制程序是指以教育服务活动（工作）为基本要素的控制手段和方法。控制对象是高校培养人才的全过程。为了实现对主体对象的有效控制，成本控制程序必须做好四个方面的工作。制定控制目标、实施控制程序、开展业绩审查、激励和惩戒四个方面的工作是成本控制的四个重要环节。其中，制定控制目标是成本控制的前提，没有科学合理的目标确定，成本控制没有方向；实施控制程序是实施成本控制的具体工作；开展业绩审查是成本控制的必要手段，是控制目标的验证，是对控制程序的检查；激励和惩戒是控制效果的措施，为新的成本控制提供动力和规范，同时为成本控制的持续改善打下基础。根据成本控制的时间划分，成本控制分为前馈控制、过程控制、反馈控制。前馈控制属于预控制，过程控制属于日常控制，反馈控制属于后控制。现代的成本控制观念延长了教育成本的控制时间，在过去的教育服务提供过程中以成本控制为主，现代教育的成本控制不改变成本控制的事前、事后的时间顺序，丰富了各个阶段所包含的具体内容。

高校劳动力成本中教育成本是关键，劳动力成本管理是微观成本管理的深化。普通高校校后控制是指通过对普通高校教育成本绩效控制的分析和评价，最大限度地满足教育者对教育服务的需求和其他人对教育培训的需求，对中小学教育成本管理的绩效进行评估。

（三）高校教育成本控制的目标

高校教育成本控制的核心是围绕学校的办学目标，提高教育质量和学校核心竞争力，更多地作为高校的一种竞争战略而存在。高校价值链的重建、结构性成本动因的选择远远超过了教育成本控制的视野和意义本身。教育成本控制不仅将成本作为业绩评价的标准，还要考虑成本和教育的质量、成本和高校的竞争力、成本和收益等关系。基于现代成本控制理论，高校教育成本控制目标满足并体现高校精神和学校运营理念，是提高学校核心竞争力的策略，根据特定时期、特定竞争要求，有时以最高的"性价比"为目标，有时为了寻求长期发展，以暂时局部损失或较低的"性价比"为目标。高校教育成本控制目标不一定是定量指标。ISO 9000质量保证体系特别强调的目标之一"顾客满意度"包括高等教育的信用、高等教育的质量、教育服务的适时性、学费标准的合理性等，其中有价值型的目标。这个新的目标观大大丰富了以传统效果和利益为唯一原则的目标观。

二、高校教育成本核算问题

（一）成本对象

高校的成本对象是学生，按照不同的分类标准将学生分成不同的成本对象。高校可将所有在校学生作为一个成本对象，也可以多维度、多层次地确定成本对象。如根据院系的不同，可以将理学院、计算机学院、法学院、文学院、经济管理学院等不同院系的学生确定为不同的成本对象，还可以根据学历层次的不同，或者年级的不同，将不同学历或者不同年级的学生确定为不同的成本对象。成本对象的确定比较灵活，主要看分类标准。

（二）成本范围

高校的工作范围广泛，有的工作与学生培养有关，如教学、学生活动、实验、实习等，而有的工作与学生培养无关，如校办产业的工作。同理，教学开支、学生活动开支、实验经费、实习费用等与学生培养有关的成本应该计入高校教育成本，而校办产业的开支、附属单位的开支、门面房的水电费开支等与学生培养无关的成本就不应该计入高校教育成本。我们根据不同的分类标准对诸多应计入高校教育成本的开支进行分类，具体如下。

①教育教学活动事业支出。高校为了保证正常的教育教学活动顺利开展，会产生各类支出，如任课教师的工资支出、实验费用开支等，这些支出统称为教育教学活动事业支出。在一般情况下，教育教学活动事业支出包括教师授课、实验开展等基础教育教学活动支出和毕业论文设计等辅助教育教学活动支出。

②科学研究活动事业支出。高校为了承担各项科研项目或任务，需要发生实验耗材费、劳务费、印刷费、资料费等各种支出，这些支出统称科学研究活动事业支出。科学研究活动事业支出涵盖的范围较宽泛，不仅包括各院系师生为完成各项科研项目或任务而产生的各项支出，如给学生发放的劳务费、耗材费用等，还包括高校为了更好地进行科学研究而设立的科研机构或科研部门所发生的支出。科学研究活动事业支出是否应该计入高校教育成本？如果要计入高校教育成本比例应该是多少？这两个问题是谈论科学研究活动事业支出时首先需要考虑的问题，对此不同的学者有不同的观点。

一种观点是，科研活动与日常教育教学活动无关，不应计入高校教育成本；另一种观点是，科研活动和高校培养学生有关，是高校教育教学活动的重要组成部分，但是不同类型的科研活动与培养学生的关系密切程度不同，教育教学改革方面的项目有些与学生培养有关，有些与学生培养无关，应根据不同的情况按照不同的比例计入高校教育成本。我们认可后一种观点，科研活动是高校重要的工作内容之一，不同类型的科研活动和培养学生有着不同程度的关联，不能一概而论，应根据科研项目的不同类型按照不同的比例计入高校教育成本。具体而言，基础性研究按照30%的比例计入高校教育成本，校内教育改革科研项目全额计入高校教育成本，横向课题不计入高校教育成本。

③行政管理业务活动支出。高校为了维持日常教育教学活动的顺利开展，行政部门日常管理活动所产生的各项开支统称为行政管理业务活动支出。

④后勤保障活动支出。为了保证高校的正常运转，后勤保障部门所提供的各种必要的保障性支出统称为后勤保障支出。

⑤其他支出。上述四类费用支出涵盖了大部分与培养学生有关的支出，但是仍存在其他的，如上缴上级的款项、利息支出、离退休人员支出等项支出，与培养学生有关，应计入高校教育成本。

（三）成本期间

对于成本期间如何确定这一问题，不同的学者有不同的看法。第一种观点是，应该以公历年度作为成本期间，主要理由是在进行会计核算时，高校将公历年度作为会计核算期间，那么在进行成本核算时，成本核算期间也应该是公历年度。第二种观点是，应该将学年作为成本期间的核算基准，因为不论是学生交学费还是学校培养学生都是以学年为单位进行培养的，不是按照公历年度来交学费或者培养学生的，而每一个学年刚好跨越两个公历年度。如果用公历年度来作为核算成本的基准，其与学生实际培养情况不相符。高校教育成本主要核算的是培养学生的成本，因而应首先考虑学生的培养周期和缴纳学费的周期，故成本期间应与学生的培养周期相一致。第三种观点是，应该以半学年，即以学期作为基准来核算成本期间，这一观点主要是综合考虑了以上两种观点而做出的折中选择。

我们认为，由于大部分高校都接受财政拨款并实行国库集中支付制度，为了便于核算并使统计数据实用性更强，应该以公历年度作为成本期间来进行成本核算，对于费用问题则根据权责发生制进行跨期分摊。

第三节 高校财务风险

一、风险管理的定性和定量方法

金融商业风险的管理特别是信用风险、市场风险和流动性风险的管理往往在一段时期内因市场、产品、技术和资源的变动而有所发展。例如，在20世纪70年代早期，金融数学尚未发展之前，风险管理主要依靠判断和经验。技术重心是由计算机主导的，其主要是关注与客户职能有关的数据库，而非财务分析数据库，风险暴露的报告一般由手工完成。假定"人力要素"占优（由某些基本数值来支持的经验、判断和共识），我们就能考虑到风险管理的定性方法。尽管这种方法无法防止所有的金融损失，但在当时的环境中，这种方法已足够用了。20世纪中期的市场已不像过去几十年那样波动。1971年，随着于20世纪40年代中期创建的固定汇率体系——布雷顿森林货币体系的崩溃，加之20世纪70年代早期及晚期的石油危机，导致通货膨胀和要求采取更为积极的货币政策，从而增加了资产的波动性。货币、利率以及商品开始大幅波动。在20世纪70年代末期、80年代以及90年代，全球金融及商品市场的无序——消除固定的经纪人手续费、免去利率上限、法律允许更大的个人投资自由、商业银行与投资银行之间限制的消失、降低贸易和资本壁垒等已演绎成跨国界、跨市场和跨资本分类的更大规模的资本移动，其最终结果就是增加了持续的波动性，金融风险也相应地上升。由于波动性，20世纪70年代开始出现的金融数学就逐步变为重点，它是金融估价、交易和风险管理的定量方法的根本。

这个转变开始于1973年，布莱克、休斯和默顿从事的前途远大的期权定价工作。定量方法的发展使开发日益复杂的风险产品成为可能。在有些情况下，适用的数学工具（和计算能力）能够让机构创造新的风险管理产品，解决公司的风险问题；而在另外的情况下，机构为其客户开发出了产品（或产品框架），从而向具有定价和风险管理专业技能的数量分析模式转型。金融数学还能用于形成内部的风险管理工具，从而帮助机构确定存在的金融风险，或确定已对冲的风险组合。

高校的国有资产是指，高校占用和使用的，依法确认为国家所有的，能够以货币计量的各种经济资源的总和。它包括国家拨付给高校的资产，高校自己组织收入形成的资产，负债形成的资产，校办企业的运营形成的资产，以及接受其他单位或个人捐赠的资产和其他资产。从其概念可以看出，我国高校国有资产呈现数量多、价值大、构成复杂、来源多元化、产权界定不清等特征。因此，高校必须根据其占用或使用国有资产的实际情况与具体分类，完善国有资产管理工作，根据各部门需求协调配置国有资产，提升资产管理效益。但从现实情况来看，高校国有资产管理仍存在诸多问题，需要在资产管理过程中进一步调整。

由于高校资产管理意识薄弱，且大多是国有资产，具有一定的特殊性，长期以来高校只是无偿占有者和使用者，既不用计提折旧，也不用计算盈亏，形成了一种不讲求效益、不计算成本的观念。同时，高校的主要精力集中在教学、科研、学科建设及师资队伍建设等工作上，对资产只提需求而不注重使用效益，对国有资产的购置缺乏计划性，存在重复购置的现象，缺乏成本效益观念。此外，高校内部资产管理普遍存在重资金、轻资产的观念，整体管理意识薄弱。

高校资产由资产管理机构、各院系、科研管理部门、图书馆和总务后勤各部门分开管理，产权不清楚，管理权被分散，财务部门只负责资金的核算，导致资产管理部门的职能被弱化，出现脱节、管理不到位的现象，资源不能得到有效共享。同时，资产配置缺乏相关标准，只对国有资产的购置比较重视，忽视对资产的管理和使用。特别是有关部门为了校庆活动或是迎接评估、认证等，不断地要求增加设备投入，甚至盲目上项目、上设备，还力求上档次，不管使用效率，有的重复购置，导致资产使用效率低。

二、多渠道获取风险信息

多渠道获取风险信息是防止风险的有效手段，通过准确、可靠的风险信息，定期审核信息的准确性是实现良好的监控和报告的根本。只要业务风险信息来自单一渠道，就能有效防止不必要的风险，弥补组织架构中的不足。事实上，包含业务部门交易记录在内的记事手册肯定会经中间部门转到后台，并成为风险管理目标的唯一信息来源。正式交易系统应是市场和信用风险报告、损益表、操作暂停记录、法定积压记录等。那些滞留在正式交易系统之外的风险信息（如未决交易、不适合系统范围的外部结构等）会被要求多次转到能形成风险报告的平台，这就表明会有差异产生，并且会有手工核对的过程。经过一段时间之后，平台数据就会产生错误，这些也是风险产生的潜在因素。每一家企业或者高校都会面临风险，消除风险的渠道是将信息整合，集中到一个统一的平台上，将信息合理布局，方便人们及时高效地查阅。这样经过一段时间的梳理，多数业务都可以较为顺利地进行，业务之间可以实现接轨。

三、准确报告实际财务信息

准确报告实际财务信息也是风险管理中的有效手段。特殊风险的管理需要关于财务风险的详细信息，参与业务、风险管理的人员需要一定专业知识的储备，这样才能合理应对财务管理中所面对的问题。例如，管理整个业务风险的经理需要对产品、资产类别以及地区的相关信息了如指掌，评估相关风险产生的可能性。鉴于每个客户群体都有非常具体的、合法的需要，并以特定的形式寻找风险信息，所以报告要尽可能灵活。仅能适应1～2个风险群体需求的报告不适合用在具有大范围风险操作的全球性机构中。假定某家国际性银行仅能描述产品风险（如美国利率衍生产品、欧洲股权、日元现货／期货），那么这家银行就不可能让业务和风险经理、管理层都满意。这家银行为使信息更具灵活性，投入额外资源，用于手工报告机制的建设。理想的平台能按需要的形式传递全面的风险信息。就一般情况而言，整合的数据信息必须从相同的数据平台获取。为避免产生一些不必要的法律纠纷，这些数据需要来自同一个渠道。高效的信息处理平台通过对信息的整合，避免产生数据因人工统计而导致的审核错误。

四、相关人员及时沟通风险问题

风险管理需要专业的人员，人员就需要及时对相关财务风险问题进行沟通，对已产生的风险问题进行分析研究，寻找解决途径，对可能出现的问题进行预测，通过有效沟通寻求规避风险的途径。通常在非正式情况下的沟通更为有效，而快速地查看相关风险事件是非常有帮助的。此外，沟通要做到"双向"，这样才更具建设性。因为业务经理不仅仅是信息的提供者，他们还是信息的接收者。风险管理人员在认识到全面影响组织的事件和问题后，会提供有关信息。这种互利性会产生亲切关系，并能加强相互间的沟通。日常的风险管理需要养成一些习惯，如查看组织所涉及的债券风险。风险管理监控者还需为机构其他领域的工作提供最新信息，讨论重大风险以及系统性问题。这些日常的操作对于风险应对都有十分重要的作用，是管理者每天需要完成的任务。

第四节 高校财务风险预警体系的建构——以D民办高校为例

一、D民办高校财务预算管理概况

（一）D民办高校发展概况

D民办高校是经过教育部批准设立的省属民办全日制职业高校，于2002年由某集团在当地政府支持下集资筹办，是省第一批特色民办名校、省第一批优质高职院校、市第一批品牌民办高等职业学院，曾荣获"省职业教育优秀单位""省级精神文明单位""市文明学院"等荣誉。D民办高校是一所以现代服务业为特色的高等职业院校，设立有旅游与酒店管理二级学院、工商管理二级学院、烹饪二级学院、酒店工程二级学院、信息工程技术二级学院、艺术二级学院、基础部、思想政治教学处8个二级院部，开设有酒店管理专业、旅游管理专业、烹调工艺与营养专业等37个专业，学院全日制在校学生14500人。

D民办高校现有教工503名，其中有200名教师拥有正高级以上职称，"双师型"教工占89%，其中有3名教师被聘为教育部职业教育教学指导专家。D民办高校有省级教学指导委员会专家9人，全国青年岗位能手3人，省教学名师3人，省级教学团队5个，省级青年技能名师4人，省级职业教育名师工作室2个，省级职业教育技艺技能传承创新平台2个，高校教学名师6人，省先进工作者1人，旅游教育名师1人，旅游教育杰出青年教师1人，市劳动模范2人，市会计领军人才1人。D民办高校不断推进课程建设及实践教学建设，有省市级精品课30门，省级精品共享课程7门，入选省级教学资源库4个，市第一批当代学徒制特色课5门，实训建设1个，省级重点专业实验室1个。D民办高校的最高管理机构为学校董事会，财务管理工作主要由财务部完成，财务部为D民办高校的二级单位，由分管副校长直接领导。D民办高校财务部共有21人，设处长1名，副处长2名，下设预算管理科、资产管理科、审计科、科研管理科以及财务服务大厅。按照国家及地方对事业单位财务管理的相关要求和指导意见，D民办高校的财务管理采用"统一管理、逐级分配"的基本模式。学校的财务收入和支出由财务部统一管理。由财务部制定具体的D民办高校财务管理的相关规定，完善财务报销流程，进行财务预算和决算，对学校各项教育管理和科研活动的经费进行发放和管理。

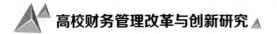

D民办高校目前实施全面预算管理模式，预算管理包括预算编制、审核、执行、年终决算等工作。预算管理的核心内涵是"量入为出"，即根据D民办高校每年的财务收入情况制订具体的资金使用计划，按照"上下结合、分级编制、逐级汇总"的原则编制年度预算，而后依照董事会批复的金额组织预算的执行和调整等，并进行各项支出的最终决算。

目前，D民办高校由学校董事会担任预算管理最高决策机构，预算具体工作由财务部负责，财务部内部设置预算管理办公室。近年来，D民办高校加大了对财务管理的改革力度，进一步完善和健全了预算管理的各项制度规范，明确了财务管理实施方针和监督管控机制等。为进一步完善D民办高校财务预算管理机制，提高财务预算的效率，对预算实施加强监督，促进财务服务体系的健全，D民办高校逐步推进实施"目标导向"的预算绩效管理，即强调预算管理的绩效，并以提高预算绩效为核心目标，对预算的编制、执行、控制，以及绩效评价等工作进行调整和优化。

（二）D民办高校预算绩效管理的主要内容

1.目标设定

目前，D民办高校财务预算绩效目标设定主要是在预算编制之前，财务部门依据高校总体发展规划，从投入和产出的角度制定相应的绩效目标，交由校长办公会讨论决策。现行预算绩效指标主要以年为考核周期，通过预算实施来完成相应的指标。

D民办高校财务预算绩效指标主要包括投入和产出两个维度。投入方面主要以资金投入为主，具体目标为资金到位率和资金按期到位率达到100%。产出方面主要设置新增固定资产支出、科研支出、教学经费支出等方面的绩效指标。此外，D民办高校根据其发展目标也会制定新生报到率、学生流失率、就业率、生师比、国家资格考试通过率等相关绩效指标，以衡量D民办高校财务预算管理的实际效果。但这些指标的设置主要以D民办高校年度财务计划为基础，指标设置缺乏系统性、科学性，很多指标受校领导或财务主管人员的个人意见影响较大。同时，绩效目标的约束力不强，绩效目标编制和预算编制契合程度较低，绩效目标管理尚未真正融入预算管理。

2.预算编制

按照D民办高校预算管理的职能分工，预算编制工作主要由财务部预算管理科牵头完成具体的预算方案，而后逐级上报，校长办公会及学校主管部门批准后方能实施。在预算绩效管理模式下，财务部在预算编制过程中不仅要充分考虑各级单位资金的使用需求，同时也要综合考虑学校的发展需求，以"提高资金使用绩效"为核心理念进行预算的编制。D民办高校的财务预算主要包括年度财务收入与财务支出两个方面。在全面预算管理模式下，D民办高校的所有收入都需要进行统一管理，主要包括学费收入、社会捐赠、科研经费及奖励、地方政府补贴、地方企事业单位及个人的捐赠。D民办高校的自有资产和经营单位的各项收入、支出主要包括教职工工资福利等基本人员支出；在教学管理、行政管理、后勤服务以及基本设施维护等方面的公用基本支出；科研或基建项目支出等。各项支出的预算和核算主要由财务部负责进行。现阶段，D民办高校的预算编制主要以增量预算和零基预算两种方法为基础，以上年度财务支出情况为基准，考虑当年学校发展的资金需求情况，以及教学管理计划、科研计划等具体支出项目的资金拨入和需求情况进行编制。D民办高校财务预算主要是由财务部门负责编制的，在编制过程中，首先由财务部门依据历年的预算方案和上一年度的决算情况，制定预算编制方案发放给各二级单位，由二级单位根据预算方案提出本单位自身的预算要求，之后财务部门对预算方案进行修订，并汇总二级单位的预算数据，上报给学校董事会，学校董事会审定通过后交预算工作小组进行详细审核，对相关数据进行修订和更正后，再交D民办高校党委会审核，通过后下发执行。

3. 预算执行

在D民办高校预算编制完成后，预算执行主要包括各项财务经费的支出，以及预算调整和预算控制等环节。在绩效管理模式下，预算执行的绩效监控主要通过对预算资金的下发和使用的角度进行控制，以提高资金使用效率为主，避免资金支出环节的无序。

在D民办高校的教学管理的日常运行中，各级单位和个人的资金使用统一由财务部管辖，工资、科研经费、助学金、各类补助，以及其他事项的财务支出均统一发放，财务报销主要在财务部财务服务大厅进行，经费的报销需要报账人所在单位主管部门责任人审批同意后方可进行，在报销过程中由财务部门对报销单据进行核实，对财务支出的合理性进行审查。但由于报销量较大，且资金使用的决定权往往又由二级学院自行掌控，财务部门只负责资金的发放，对具体使用情况缺乏监督，因此，在财务报销和各项资金的使用过程中，对资金的使用效果缺乏必要的监督和反馈，财务部门对具体资金的使用情况掌握不足，使预算执行过程中绩效监控的理念不足。

D民办高校在财务预算执行过程中，会因为各类特殊事件或影响因素造成原有预算不能满足资金需求或不适应财务管理要求，需要对预算进行调整。预算调整主要是由资金使用单位根据自身实际情况提出预算调整要求，然后财务部门综合考虑是否需要调整预算，如果确实需要进行调整则由财务部门填写《D民办高校财务预算经费调整审批表》，并附调整明细，对调整的缘由、调整的额度，涉及的具体部门和个人进行说明，然后由申请单位会同财务部签字上报，交由学校主管领导审批，重大财务预算调整还需要由校长办公会讨论决定。随着D民办高校财务信息化建设的加速，D民办高校财务报销以及预算都已实现了电子化，在有效提高财务办公效率的同时，也使财务部门预算管理能力得到增强。在财务预算执行过程中，D民办高校财务部也加强了监控。

但从目前D民办高校预算执行的情况来看，其基本还是采用传统的预算管理模式，在预算执行过程中的各个环节上，绩效监控的措施存在不同程度的缺失，绩效监控体系没有健全，这使D民办高校财务预算绩效管理的在执行层面上得不到很好的效果。

4.预算绩效评价

财务预算绩效评价是D民办高校预算绩效管理的核心环节，也是其提高财务预算绩效的重要工作，通过预算绩效评价可以使学校更为清晰地掌握预算绩效目标完成情况和预算资金的使用效果。2017年后，D民办高校依据全面推行预算绩效管理的指示精神，对由原有的《D民办高校财务收支预算及预算执行要求》进行了补充和完善，重点增加了财务预算绩效评价的相关内容，对于财务预算绩效评价的重要性和必要性进行了说明，但缺乏具体的实施指导意见，没有制定具体的评价方案，对于财务预算绩效评价工作的责任和权限问题没有进一步明确，评价指标的选取也比较笼统，分为质量指标、时效指标、成本指标、经济效益指标、社会效益指标这几大类，二级三级指标多为各填报部门自己设计填写，没有统一的、有针对性的财务预算绩效评价指标。有关绩效考核的制度规范不够健全，财务预算绩效考核缺乏必要的技术支撑，结果应用范围有限。

（三）D民办高校财务预算绩效管理效果评价

近年来，D民办高校财务预算绩效管理模式的实施，对于D民办高校的总体发展目标的完成起到了有力的推动作用，但预算绩效管理机制本身却未能充分发挥其在管理理念上的先进性，对于财务预算管理机制的完善作用不显著，整个绩效管理没有完全达到预期效果。为此，我们就需要对D民办高校财务预算绩效管理机制进行改进和完善，通过对绩效管理机制的实际效果分析，找出财务预算绩效管理模式上存在哪些具体的问题，以便于有针对性地进行完善。

为保障D民办高校财务预算绩效管理效果评价指标选取的科学性和合理性，在进行评价时，主要通过组建D民办高校财务预算绩效评价专家小组来负责具体的指标选定和权重评价工作。专家组共有9人，其中D民办高校及山东大学教授4人，D研究机构高级研究员2人，政府专家3人。专家组对D民办高校财务预算绩效管理机制进行了集体讨论和分析，然后依据自身知识和经验提出细分意见，再统一收集整理，最终确定评价的主要指标。

评价指标选取的依据主要是财务预算绩效管理的主要内容和实际效果，要客观考量D民办高校财务预算绩效管理的效果就需要从全局角度，系统地对其进行整体性的考量。D民办高校财务预算绩效反映的是预算资金的使用效率和对学校发展起到的作用，包括直接的经济效益和间接的社会效益。而预算绩效管理工作的目的在于如何有效提高预算资金的使用绩效，即通过对预算的编制、执行，以及评价等工作提高预算资金的使用绩效，以达到组织目标。从绩效管理的内容来说，D民办高校财务预算绩效管理的主要内容包括绩效目标设定、预算编制及实施、预算绩效评价以及结果应用等方面。基于以上分析，评价指标的选取首先要考虑绩效目标设定的科学性。之后，在财务预算的执行阶段，主要从经费使用、预算调整、预算控制三个方面来考量财务预算的实施效果。对绩效考评机制的评价主要从考核内容、考核周期、应用结果等几个直接影响财务预算绩效考核结果的因素来进行分析。

二、D民办高校预算绩效管理存在的主要问题

（一）绩效目标设定缺乏科学性

从评价结果来看，在D民办高校预算绩效管理中，"绩效指标设定"评分为四个一级指标中得分最低的，管理效果的评语为"一般"。这可以在一定程度上反映出在现有的绩效目标设定过程中存在的问题，主要的表现就是绩效目标的设定随意性较强。

D民办高校的预算绩效管理没有明确的目标体系，目标的设定都是在进行每年度预算编制之前，由校长办公会或财务部门讨论制定，指标设定的依据缺乏足够的理论和实践支撑，基本上是从学校发展层面对财务预算工作提出具体的要求，如当年的预算调整幅度控制在什么范围内，预算执行偏差率在多少以下，此外设立的有关学校发展的资金使用绩效指标一般由学校领导层或二

级单位自行提出，目标完成的衡量标准比较模糊，很多目标在制定时就使用"力争""争取""尽最大努力完成"等字样，目标约束力不大，目标完成标准也很少量化，在年终终结时，往往使用"很好""较好"完成了预算绩效目标这类表述，这就使D民办高校预算绩效目标的引导作用和约束作用不同程度地降低。同时，一些目标的设定有较强的临时性，对于学校近期比较关注的事项就设定相应的目标，而后放弃，目标的设定缺乏长远的规划，没有很好地与学校的总体发展规划有机融合，绩效管理的理念也不强。在目标设定后，没有对其进行解释说明，甚至很多院系的报账人或经费管理人员对于学校的预算绩效指标还不甚了解。

造成这一现象的主要原因是，D民办高校还没有建立科学的预算绩效目标决策机制，目标设定没有履行必要的程序。现有目标的制定没有相应的现实和理论依据，基本都是学校领导和财务人员根据上报的统计数字和历年经验制定。实际上，财务预算管理是保障D民办高校各项教学、科研工作顺利进行的基础性保障工作，其实施的目标应包括多个层面和内容，需要根据不同时期学校的资源配置情况和发展规划来合理确定，目标要具有较强的针对性。为此，在目标制定的过程中，各院系等二级部门应当加强沟通，以客观、科学、全面的视角审视任务目标的制定。但目前在D民办高校财务预算绩效目标制定的过程中，领导干部"一言堂"的现象依然存在，从而进一步降低了目标制定的科学性。

（二）预算编制内容不全面、绩效理念不足

在D民办高校预算编制的过程中，基本仍以传统的预算管理模式为主，绩效管理的理念和方法在预算编制过程中没有得到应用。在预算编制过程中，财务管理人员和学校相关人员对于预算绩效管理的重要性认识不够充分，对于如何有效开展预算绩效管理工作缺乏相关技能和实践经验，这使D民办高校在财务预算编制过程中，对于预算编制工作的认识仍然停留在"多要钱，少花钱"的层面。学校管理部门希望通过预算编制尽可能压缩各项开支，各二级单位则希望争取更多的经费支持，而财务部门则希望通过预算有效控制经费支出，保证D民办高校财务管理的规范性。高校管理层中参与预算编制的各主管领导、部门负责人等都会从自身的角度对预算编制工作提出要求，使D民办高校财务预算编制不仅要做好资金分配规划，还要做好部门间的沟通协调。这就使财务预算编制的总体思路是满足学校及各二级单位的资金需求，而不是如何从预算编制和执行的角度做好资金的使用分派，提高预算资金的使用效率，从财务管

理层面促进学校的发展。预算编制的内容仍然不够全面，没有实现资金的全覆盖和统筹管理。在预算编制的流程上，财务部门的决策权受到不同程度的限制，一线教职工的参与度较低。编制方法没有和绩效管理理论有机融合，预算编制的绩效导向不强。

由此，我们可以看出D民办高校预算编制绩效理念不足反映在预算编制的过程中，在内容、流程以及方法上不能与绩效管理有效契合。预算绩效管理本质上是将绩效管理的理念和方法与预算管理进行有机融合，从而提高预算资金的使用效率和产出效益。但D民办高校的预算，内容上还不够全面，一些资金收入和支出还没有完全纳入预算计划中，使预算编制和执行对于总体绩效目标的影响力有所下降，预算管理的相关收支数据不够全面，无法进行全面的、科学的预算绩效评价。此外，D民办高校预算编制的流程不够合理，预算编制主要是由财务部负责的，二级学院和其他教职工参与度较低，在编制过程中缺乏必要的讨论和审查环节。这使预算编制与学校发展战略契合度较低，同时没有充分考虑到教职工对于预算的具体需求，使预算资金在配置和使用上不能完全满足一线教学和科研需要，影响预算资金的使用效果。在编制方法上，D民办高校财务管理人员业务能力参差不齐，零基预算法应用范围有限，预算编制材料不够规范。一些资金支出的预算比例显著增加，且缺乏合理性，财务预算编制的合理性和科学性需进一步提高。

三、优化D民办高校财务预算绩效管理

D民办高校的预算绩效管理是一种目标导向的管理模式，学校依据自身发展需求和财务收支情况制定具体的预算绩效目标，即通过预算的编制和执行具体要实现哪些成果或效益，以此为基础，进行后续的财务预算编制和执行。同时，财务预算绩效考评也应以预算绩效目标为基础，进行考评指标的设置和考评方法的选择。这其中，财务预算绩效目标是进行预算管理的总体目标和要求，是通过学校财务支出所要实现的具体事项，而财务预算绩效考核指标是财务预算绩效的评价对象，即通过对具体指标的评价来衡量财务预算绩效目标的完成程度和效率。因此，针对D民办高校财务预算绩效目标设定随意性强的问题，要健全、完善其财务预算绩效目标的决策机制，建立一套更为科学、规范的预算绩效目标设定程序，强化目标设定的重要性，使绩效目标的设定更加科学，具有更强的针对性和可行性。

为此，D民办高校财务管理的主要责任人要坚持实事求是、因地制宜的原则，将财务预算管理与学校整体发展规划有机结合起来，要进行充分的实地调

研和走访研究，听取基层单位、教职工等对于学校财务预算管理的需求。将预算绩效管理与战略发展目标紧密结合起来，合理设置预算绩效目标，深入推进D民办高校预算绩效管理改革。在预算绩效目标的设置中要凸显D民办高校的社会属性与发展需求，充分反映D民办高校在人才培养、教学科研、学校建设等方面的资金使用效果。将预算绩效目标与学校发展的总体要求和学科发展需求深度融合，同时将目标进行分解和细化，以便于考核和测量，使目标完成情况能够实现量化考核。

（一）合理调整绩效目标构成

D民办高校预算绩效管理目标要能够全面覆盖学校预算管理的内容和学校发展的总体目标。为此，D民办高校需要深入分析实现其财务预算绩效目标所需要完成的具体工作任务，由此建立相应的可量化的考核指标。要加强预算绩效目标与组织目标的关联性，保证学校总体预算绩效目标要与学校战略目标保持一致。当前，D民办高校发展的总体战略目标是"全面提高教学水平，打造人才培养基地，专注提升科研水平，构筑技术创新高地"。从发展规划上来看，D民办高校近几年发展的重点，一方面是一手抓教学质量，提高学校对学生的培养能力，另一方面是以科研项目带动优势学科发展，提高学校基础研究水平，加强产学研合作，促进科技成果转化，提升学校发展的经济效益和社会效益。

（二）完善绩效目标审核程序

为保障D民办高校预算管理绩效目标能够真正起到引导预算管理与绩效管理深度融合的目的，在预算绩效目标设定的过程中，其还应进一步完善相关的目标审核机制，对预算绩效目标的可行性和合理性进行审核，重点考查绩效目标完成的难易程度和对资金及自身发展能力的具体要求，避免盲目制定过高的绩效指标，也应避免指标的完成标准过低。为此，其一方面可以在财务部门制定相应的绩效目标后，在校长办公会、教职工代表大会上进行大范围讨论，另一方面可以聘请专家学者组成评审组，从绩效管理的专业角度对预算绩效目标设定和预算绩效考核指标的选择提供建议，进一步从技术层面增强绩效目标设定的科学性。

第五节 高校财务风险改革创新的对策

一、关注资金使用情况

地方政府作为地方公立高校的主要投资者和唯一所有者，有监督高校财务运行的责任和权力，提高资金使用效益也是缩小收支差距的有效措施，因此，地方政府以及第三方机构应该加强对高校的监督，并且对财务状况进行评价，将评价结果与财政拨款挂钩。财政性教育经费作为财政支出的一部分，必然要进行绩效评价。财政部门和教育职能部门应共同制定评价指标，并且参考教学评估的结果，对地方公立高校高等教育资金使用效率进行评价。从投入产出的视角考虑，评价指标应充分考虑生均拨款、招生规模、教学基础设施、师资力量、科研成果、教学质量、毕业生就业情况等要素，从而建立科学合理的评价指标体系。评价结果要向社会公布，将地方公立高校办学情况和相关信息纳入社会监督之下，然后运用评价结果，调整教育政策，重新确定拨款标准。这些措施不仅能够为政府提供决策的依据，还能够通过引入竞争机制，促进地方公立高校提高教学质量和管理水平。除了完善的评价机制外，监督机制也是必不可少的。由于信息不对称，政府对高校的监管较为片面。为了建立全面的监管机制，政府需要在制度、人员、机构、方法等方面进行优化和完善。政府需要设立专门的监督机构，并且配备足够的专业监管人员，必要时也可以引入第三方独立审计分析机构共同组成检查小组，针对重要政策的执行以及大额专项拨款对每所高校进行普查，因为普查的成本较大，并且影响高校的正常教学，因此可以每五年进行一次，至于时间间隔可以灵活把握。全面普查加上随机抽查能使政府更加全面地掌握地方公立高校执行政策的效果以及财务状况，是风险把控的中间一环。

第一，建立严格的准入制度。高校人事部门及财务部门在挑选出纳人员及复核人员时，应选聘价值取向和责任意识较强的人员，遵循德才兼备、以德为先的原则选人用人，增强法律法规及网络安全学习。高校财务部门应定期组织网银业务相关工作人员学习、讨论财经纪律和法律法规，使遵纪守法的思想内化于财务人员的工作行为中，使其在上网时注意辨别网站的真伪，防止掉入不法分子的陷阱，并养成良好的上网习惯，避免在人多嘈杂的公共场合登录自己的网上银行处理业务，注意保障学校的银行账号和密码等信息安全。

第二，建立常态化的学习培训机制。高校财务工作人员除了有过硬的专业技能之外，还应接受网银知识的专门培训，熟练掌握相关的操作知识，熟悉不同的网络银行使用环境，营造尊重知识、尊重人才的文化氛围，实行定期轮岗制度。财务部门内部应明确轮岗范围、轮岗周期，让相关岗位员工定期流动，全面提升员工素质，完善激励约束机制。高校人事部门应设置科学合理的考核指标体系，对员工进行合理的年度考核与评价。

《中华人民共和国教育法》鼓励高校运用金融和信贷手段进行发展。解决资金缺口仅有政策支持是远远不够的，相关部门应该及时出台配套政策对高校贷款行为进行控制和规范，严格把控贷款条件，对于高校贷款额度、贷款资金用途等进行具体规定，并且适时把控贷款资金使用效率，制定严厉的处罚措施进行有力约束，避免高校盲目扩大贷款规模，也避免资金浪费。这样就能在很大程度上降低高校的筹资风险和财务风险。政府应该对银行进行指导，提醒银行在对高校进行贷款时，不能因为政府是其所有者就放松对高校贷款行为的审核，银行需要执行正常的审批程序，在不考虑政府的所有者角色的情况下，评估高校的信用等级，避免高校借新债还旧债，甚至可以提高相应的贷款条件。银行应该通过严格的指标体系和模型计算出授信额度，该体系和模型应该充分考虑未偿还债务总和、贷款资金用途、贷款项目的收益性、还款来源以及担保情况等。银行要对贷款资金进行跟踪调查，关注资金使用情况以及高校的财务状况。通过银行的外部约束，能够严格控制高校的不良贷款。

政府应该做好以下几个方面的工作。第一，将高校预算进行分类管理。对于日常经营预算一定要保持收支平衡，建设性预算中每个项目持续时间较长，不仅要关注每个年度的财务状况，更要建立跨年度预算，除了这两类预算之外，还要尽量建立起偿债基金，另设偿债预算。分类管理有助于专款专用，管理有序，并且能保障债务的偿还。第二，要建立信息反馈机制，加强沟通交流。高校要及时向政府有关部门反馈预算执行情况，政府部门可以掌握高校的预算执行进度，能够对预算执行过程进行严格地把控，确保预算顺利执行，及时控制财务风险。

二、提高高校财务自主权

依据《中华人民共和国高等教育法》的规定，高校已经成为独立法人，具有一定自主权。但现实中，政府与高校之间的角色定位尚未确定，委托代理关系以及权利责任划分尚不明确。因此，政府应该转变职能定位，给予高校充分的自主权，加强对高校的监督管理，以更好地服务于高校发展。

转变政府职能，首先要放权，只有真正意义上的放权，真正使所有权和经营权相分离，高校才会明确自身的责任，才会具有主动意识和责任意识，才会增强财务风险意识，逐步提高自身管理水平，才能逐步摆脱对政府的依赖。除了明确职责之外，高校还应该建立完整的组织架构，建立独立的具有实权的董事会和审计部门。政府也应该找好自身的定位，做好管理和服务工作，进行宏观形势的把控和对高校的间接管理，制定相关规章制度，指导高校发展，并且充分发挥外部监督管理的职能。在充分放权的基础上，政府必须加强外部审计，外部审计的范围要广，除了根据财务报表审计高校的收支情况以及预算执行情况以外，更要拓展至全部经济业务，这样更容易发现经济活动开展过程中的财务风险，根据风险点建立风险预警机制。外部审计要更加专业和独立，政府的审计部门和第三方审计机构组成审计小组，独立性和专业性都可以得到保证。外部审计要更加注重审计方法，在审计的过程中要特别关注高校的附属单位，并且要关注以往年度在审计过程中的风险点进行纵向承接，综合连续年份的数据进行分析，避免静态下隐藏的风险点。

三、激发高校财务革新的内在需求

基于国内地方公立高校和某大学财务风险管理存在的问题与成因分析，为了达到防范和化解地方公立高校财务风险的目的，我们提出以下建议。

（一）多渠道筹备资金，降低贷款比重

高校除日常收入以外的筹资渠道主要是银行贷款，但长此以往，大量的债务累积给学校带来了沉重的财务压力，会影响到学校的长远发展和规划实施。学校要持续良性发展，就要根据自身实际情况和发展规划，构建符合实际的融资结构，摆脱单单依靠银行贷款的模式，同时切实做到开源节流，增收节支；争取上级资金和项目支持，做到应收尽收；进一步利用社会资金，争取校友支持，以低息置换贷款，减少利息支出；控制"三公经费"开支，完善财务规章制度，进一步规范支出，加强绩效考核，提高资金使用效益，对资金用途、效果、项目进度等因素进行考核，结余资金统一收归学校统筹使用。此外，高校也应注意避免盲目进行基础设施建设，应结合自身资产负债水平和学生规模，进行合理规划，在财务负担较重的时期应避免新基建项目的实施。

（二）合理预算管理，高效安排支出

科学合理的预算管理是财务工作高效运行的核心，预算管理不能切实有效地执行，则收支运行缺乏计划性，会导致财务风险的加大。高校必须严格执行

预算管理制度，在预算编制前责任人应充分与二级单位和高校决策层进行充分沟通，编制精细、完整的预算，既准确把握学校资金的使用方向，又充分了解二级单位的资金需求，使预算编制更加合理，增强预算执行力。在预算编制完成后，高校应切实按照预算安排资金，并对预算执行情况进行监督、评估，评估结果计入相关人员绩效考核标准，以激励责任人提高执行预算积极性，合理安排支出，降低财务风险。此外，高校可在财务部门下设专门的计划预算科或直接设立预算编制委员会，专门进行预算的编制、执行和评估，避免预算与财务管理由同一科室负责，影响预算编制、执行、评估的有效性和准确性。

（三）成立专门机构负责风险评估

由于在发生高校财务损失时，高校管理层并不需承担独立责任，导致一些高校管理人员缺乏财务风险意识。因此，对高校相关人员进行风险意识的强化较为重要，特别是决策层，只有决策层意识到风险管理的重要性并将其放到管理工作的关键位置上，才能把风险管理真正落实到日常工作中去，地方公立高校其他部门和工作人员的风险意识才会真正提高。此外，高校可以成立专门的风险管理组织机构与相应的管理体系，负责对不同业务和管理活动中出现的风险点和意外事件的风险性进行评估，列出风险清单，确定应对风险的策略。这既能进一步提升高校对风险管理的重视程度，又能帮助高校对可能遇到的内部和外部的风险进行迅速有效处理。

（四）完善财务管理制度

完善的财务管理制度是规范财务运行，减少资金损失的有效工具。一是高校应在报账审批注重凭证真实性的同时加强对报销凭证中项目和金额的合理性及真实性的审核，以减少违规报销和虚假报销导致的资金损失。二是高校应妥善处理债务债权关系，提高高校资金使用效益，对于其他经营活动形成的债权，应通过协商甚至法律手段进行处理，使所有收入应收尽收。三是高校财务部门应针对学校财务状况编制现金流量预算，建立财务分析指标体系，形成高校财务预警系统分析偿债能力、支付能力、发展潜力等指标，以供学校决策层及时掌握学校财务状况和财务风险。

（五）优化高校内部控制

建立完善的内部控制制度可有效降低经营风险，提高工作效率，合理优化资源配置，提高资金使用效率，保证高校科研工作的有序、高效进行，实现高校长期良性发展。由于内部控制最初服务于企业，作为事业单位的地方公立高校大多没有完善的内部控制管理体制，对此，财政部印发文件《行政事业单位内部控制规范（试行）》，以加强对公立高校内部控制的引导。此后，各高校积极响应，纷纷结合文件精神和自身情况建立内部控制管理体制，但大多仍存在一些问题：不能充分将内部控制与实际工作相结合；对内部控制的重要性认识不足；监督机制不完善，影响内部控制的执行等。因此，高校应加强对内部控制委员会的重视程度，高校决策层应当以身作则地先行熟悉内控知识，然后自上而下地把内控制度与高校目前的工作环境相融合，达到增强高校管理人员的内部控制意识的目的；完善绩效评价体制，使内部控制贯穿于学校各个方面，令内部控制成为常态，高校中预算的编制、执行、评估，以及财务风险评估，均设置专门的科室或委员会；设立健全监督机制，这需要成立职责类似于企业中监事会的独立监察机构，对决策过程、执行过程进行监督，负责奖惩制度的执行。

第四章 高校资产管理改革创新

第四章的内容为高校资产管理改革创新研究，第一节为高校经营性资产管理现状与问题，第二节为高校无形资产管理体系构成。

第一节 高校经营性资产管理现状与问题

一、高校财务共享平台发展存在的问题

由于高校实行集中核算，在分级管理的形式下，学院没有单独设立财务部门对相关财务工作进行核算和管理。各职能部门都需要共享财务数据信息。目前，高校财务共享平台的发展存在两大问题：信息共享水平不高，财务管理人员缺乏财务综合管理能力。

（一）信息共享水平不高

我国大部分高校都采用独立的信息管理系统，如人事管理系统、科研管理系统、采购与招标管理系统等。教务管理系统与财务管理系统的接口不完善，数据口径不一致，导致数据交换水平低，财务部门与职能部门之间的联系频繁，而操作系统之间的数据交换无法直接完成，导致信息共享水平较低。

（二）财务管理人员整体素质有待提高

高校财务管理人员是财务管理最直接的操作者，其需要快速学习和及时了解国家最新颁布的相关财务规章制度，由此提高专业知识和技能，快速捕捉信息，才有助于高校财务共享平台的建设和优化。就现状而言，高校财务管理人员还需提高整体素质，以应对信息化管理的发展。

二、政府会计制度给高校财务共享平台带来的机遇与挑战

（一）政府会计制度给高校财务共享平台带来的机遇

为有效实施和完成政府会计制度改革，各高校要组织财务人员积极参与新制度的学习和培训。高校要研究讨论在制度实施过程中遇到的问题和解决办法，开展具体的改革工作，提高管理水平，为构建财务共享平台提供良好的基础。

①国家层面会计制度。为构建高校财务共享平台，各行政事业单位要有统一的财务核算方法、统一的财务规章制度才能使本单位的会计信息可靠计量，提高诚信度、相关性和可比性，提高工作透明度，以便准确反映家庭情况，向政府提供可靠的会计信息。国家层面会计制度的出台实现了财务核算方法和财务规章制度的统一，这是构建高校财务共享平台必不可少的制度保障。

②信息化。将预算账户和财务账户分离为"双基"和"双报"，提高了财务核算的可信度。因此，我们必须依靠互联网技术来定义相应的财务数据，为了简化流程，提高工作效率，财务软件系统功能的优化和更新可以为高校财务共享平台的建设提供重要的信息技术保障。

③业务层面。随着政府会计制度的实施，在会计分录的处理、年终论证的编制、成本核算、财务绩效考核等方面发生了重大变化，这些变化要求高校对财务人员进行创新培训，打造一支专业化、高素质的财务人才队伍，提高财务人员的业务水平，为高校财务共享平台的建设提供必要的人才保障。

（二）政府会计制度给高校财务共享平台带来的挑战

新旧会计制度的过渡和新制度的实施离不开信息化对金融共享平台的支撑，这对高校财务共享平台的建设提出了挑战。

①组织架构。在原有的组织架构中存在一些基础性问题还未解决，如无法完成运营成本的精确核算，基础设施核算难以统一，由此不能完整全面地反映高校预算的执行情况。高校财务共享平台的组织结构需要优化，才能更好处理高校财务的统筹问题，整合信息不被遗漏。

②业务流程。新系统中的"双基""双报"模式改变了原有的核算方式。平行核算要求预算核算和财务核算相互协调，补充核算的财务报告和决算报告相互协调，将高校负债、净资产和其他支出的核算纳入审计框架，基础设施核算一体化，增加了固定资产折旧活动，增加了各项核算的难度，增加了工作量，这并不能保证政府会计制度的和谐实施。财务共享平台的业务流程需要广泛改革。

③产融结合。新的政府会计准则运用计算基础原则加强成本和支出核算，通过直接成本和间接成本确定损益，反映高校教学科研的真实成本。为了保证高校整体经营成本的准确核算，反映预算执行的实际情况，业务部门之间有效的数据传递有助于科学研究成本和支出的准确核算，这与产融深度结合密不可分。

④人员素质。政府会计制度对财务人员的专业会计能力并没有提出更高的要求，但要求财务人员从海量数据中提取有价值的财务信息进行进一步分析，财务人员不仅要学习和掌握新的系统的内容，还要提高信息化软件的操作能力，提高管理能力，实现高校财务由会计型向管理型的转变，这对现有财务人员的整体素质构成前所未有的挑战。提升财务人员的专业素养，就要健全部门决算工作机制，财务人员的从业素质必须要引起高度重视。作为部门决算数据的具体操作者，知识储备、技术手段、职业情操等每一项都是衡量一名财务人员是否合格的重要考核因素。所以，专业素养技能的培养必不可少，这主要需做好以下两方面的工作。第一，开展多样化的在职培训以及后续教育，保证财务人员的知识储备与技术水平，不要走过场形式化，要切实传达财政部的相关要求，并形成一定的考核制度标准，紧随政策改革步伐，与时俱进。第二，财务人员自身更要积极主动学习，对待财务工作既要保持高度热情，又要严谨认真，要本着"时刻不放松，一刻不出错"的职业态度，高标准地完成每一次决算，打好自身提升"堡垒战"，提升业务素质是核心，更新业务水平是关键，加强政治理论学习是基础，遵守职业道德规范是要求。

⑤风险控制。新制度的实施要求高校财务信息更加公开透明，而内外结合导致高校财务数据处于高风险的环境中，系统变革带来的信息变化也会使财务共享平台建设面临战略、技术等风险。

⑥资金投入。目前，高校使用的财务信息管理软件与政府职能部门使用的财务软件有很大不同。而政府会计制度的实施非常重要，需要信息技术对财务管理系统的有力支持，需要大量的职业培训和信息技术学习培训。后期软件的更新和维护，平台业务流程的优化，都需要长期的资金投入。

⑦整合信息。高校财务共享平台必须进行业务与财务的整合，预算管理系统、形象管理系统、新工资管理系统、银校互联互通系统与费用报销系统、教职工系统、教务管理系统等要实现联动，科研系统、后勤系统等都要与整个财务管理系统相衔接，进行信息整合，从而释放财务人员的双手，使其把更多的精力投入财务数据分析、风险控制、财务管理等方面，处理绩效考核等管理工作。

⑧核算功能。为确保新系统的正确实施，财务共享平台涉及的财务工作必须严格建立文书权限，在进入系统前，必须经过财务共享平台系统管理员的授权，建立科学的内部控制和管理制度，禁止代为报销、审批等违规行为，强化决算的审核监督。在如今的财务活动中，审核人员越来越凸显其独特的地位，这也意味着决算活动对审核人员又有了更深层次的要求。第一，以实事求是为准绳，严格把控审核监督关卡，对报表内容、编报方式及填报口径等方面都要深刻理解和掌握，确保数据质量，绝不能欺上瞒下、敷衍了事。第二，创新审核方式，单一的审核方式并不能保证数据的完整性，所以辩证地采用人工与计算机共同审核，双管齐下，不偏颇，这成为最有效的审核方式。对财务数据进行对照审核，看数据是否相吻合，是审核的重中之重。通过决算审核，主管部门应该吸取相关的经验教训，耐心引导下属加以改进更正，使决算工作更加科学合理，从而为决算数据质量的不断提高奠定基础。第三，进行审核人员的专业化、系统化、理论化培训，要明确区别于其他财务人员的相关培训。量身定制，形成与政策相符合的考核制度，务必保证审核人员的专业性。

⑨会计功能。财务共享平台的用户主要服务于高校中各个部门的教师和学生，还包括基础财务人员和财务管理人员。平台创立之初的宗旨就是让使用者利用平台可以独自进行相关事务的处理。随着信息技术的发展，政府会计制度改变了高校的会计核算模式，财务报表体系和结构不断被完善，成本管理理念随之深入，同时也对财务共享平台的设计提出更进一步的要求。

三、高校财务共享平台评价体系的完善

近年来，国家对高等教育的政治支持和资源投入不断增加，高校的业务也日益复杂。滞后的财务管理模式长期无法满足教育经济多元化投资的需要，政府和高校纷纷组织财务人员学习共享信息软件的操作。管理层更要推进财务共享平台建设，为"双一流"建设服务。

随着大数据和互联网金融的快速发展，支付宝、微信、网上银行支付，解决了现场收费问题，银行、学校的网上预约系统和网上支付系统，为还款业务带来了便利，主要金融软件开发商积极响应，为二次金融软件开发做好充分准备，为保证政府会计制度的顺利实施，为高校财务共享平台的建设提供重要的软件技术支持。基于层次分析法的高校财务共享平台评价体系需要不断完善。

（一）层次分析法的特点

层次分析法主要针对不易直接定性的混乱复杂的决策问题，在深入分析问

题的本质、影响因素及其内在联系的基础上，建立层次结构模型，然后量化一些定性因素，使思考过程数学化，简化了问题的复杂性，为解决多准则或无结构特征的复杂决策问题提供了一种简单的决策方法，计算步骤相对简单，所需的定量数据较少，思想分析层次性较强，清晰感强。

（二）学习和发展方面的分析

实现培训目标、重构学习过程与壮大学习和发展的规模都是一个长期并且持续的过程，短期年度指标不能充分反映财务共享平台的建设成果，在此过程中我们应该不断发现问题、解决问题。再造业务数是指一定时期内实际进行的再造业务数，业务数值越高越体现出学校的发展潜力。平台的建设进程加快，再造活动便可以增多，随着政府会计制度带来的会计核算方式的变化，高校财务软件的整合潜力也在增大，推动高校财务信息系统的优化和现代化是现在需要解决的问题。新的系统将使高校财务共享平台的建设面临着战略和技术的挑战，培养目标的完成率体现了对人才培养的要求。在更新财务专业知识的同时，相关财务管理人员还需提高财务管理水平。

四、高校财务共享平台的优化

（一）架构设想优化

建立与政府会计制度相配套的财务共享平台，根据是层次分析法所得出的标准，系统平台建立的目的是使高校财务工作更加合理完善。运用云计算信息技术，有助于系统服务高校教师，流程更加标准化，服务的质量也会有所提高，系统运用更加专业。要想搭建一个没有问题的平台，首先要规划一个新的组织架构图，根据价值分析，通过运用基础融资、管理融资、战略融资、三级财务管理体系将高校财务共享平台的组织结构分为共享财务层、业务财务层和战略财务层。这需要多方的协同努力，不同学科背景的高校发展自己的技术优势，为高校的财务管理创造出便利的服务设施。

财务管理系统和业务部门是公司财务管理涉及的两部分，同样可以与高校财务管理相比。公司的财务管理系统的分类更加细致复杂，财务管理系统由所有财务核算模块组成，包括货物管理模块、预算管理模块、会计核算模块、会计管理模块、网上审批模块、新增薪酬管理模块、期末报表模块、报表汇总模块、档案管理模块、税务管理模块。高校系统管理模块包括财务核算功能的所有模块，包括资产管理模块，其中核算模块支持并行核算功能。财务会计分录录入后，可自动生成预算会计分录，生成会计凭证。学校可以通过系统自动对账，支持按财务系统、预算系统、资产负债表、总账、明细账等自动识别会计科目与预算科目的差异，分析并自动生成"本年盈余与预算余额差额调整框架"，基本建设账户和固定资产的核算统一在此模块中。工资管理模块是对高校教师薪资的管理，包括工资、薪酬等信息的管理，高校教师的工资发放以及平时的生活补助和报销的资金都会展现在系统中，一目了然，出现问题也可以及时查找对照。这两个模块与财务会计模块相关联。资金清算模块和财务会计模块与国库集中支付系统、银行系统互联互通，预算管理模块与财务部门系统互联互通，确保预算项目一一对应。财务报表模块支持自动生成财务报表和预算报表。将固定资产卡片和固定资产折旧信息导入平台数据库，资产管理模块取代原有的国有资产管理系统，与核算模块对接，完成固定资产核算、后勤财务系统和财务管理系统的安全、快速、准确的数据整合，然后在数据口径标准化的基础上，打破原有系统之间的壁垒，实现产融结合。推进高校财务管理改革与高校财务共享是需要相并列而行的。高校财务系统的高效运行有助于高校领导更好把控全局，提出更进一步的管理方案。

（二）业务流程优化

随着政府会计制度的颁布实施，高校财务共享平台的业务流程发生了许多变化。支出偿还和固定资产折旧是会计变更的核心支出，还款业务的处理效率是提高平台客户满意度的关键因素。因此，业务支出报销流程的重构是整个流程再造的重点。财务模块的关联性将业务支出报销流程实质上分为四个步骤：报销人提交报销申请，负责人进行电子审批，财务人员编制会计凭证，出纳完成电子支付。

①报销申请。报销人员由财务共享平台授权，在进入高校网上报销平台后，介绍报销原因、报销金额等基本信息，系统将根据相关业务，为不同岗位人员提供相应的支出退款标准，以保证业务退款的规范处理。该系统连接到图像管理系统，扫描和识别账户并分组发送。验证后，报销人员获得代码，发送退款请求并启动审批流程。

②电子审批。《中华人民共和国电子签名法》为电子审批和签名过程提供了法律保障。财务共享平台授权的退款活动负责人，在收到报批邮件后，进入电子审批系统，按照系统退款顺序进行审批和签字，在审批通过后，启动财务审计程序，在审批不通过时，发送一封电子邮件，提醒报销人员修改。

③制作凭证。报销人员将电子退款类型审批表和部门负责人审批后的影像数据发送到财务共享平台，财务人员在财务会计系统中对电子影像数据和报

销审批单进行审核，在审核通过后，发送邮件提醒报销人员可以将原始凭证送达财务部门。审核人员收到纸质原始凭证并确认后，系统自动生成会计凭证。电子支付流程会在审核人员审核后触发，如果审核不通过，数据会以原方式退回，给报销人员修改。政府会计制度给财务工作带来的最大转变，就是要求将现金收支"平行核算"纳入部门预算管理。本次改革的重点是"复式记账""复式基础""复式报告"。因此，在技术上，财务会计系统必须通过"财务会计"准确触发"预算会计"，自动生成复式凭证，实现财务会计科目与预算科目的自动差异分析和识别，支持以后自动编制财务报表。

（三）基建会计流程优化

原基建部门或业务部门需单独建立基建台账，每月编制台账汇总表，将每月的台账金额并入大台账。政府会计制度要求取消基建的一套会计核算账户，纳入统一会计制度的大账户。系统通过一个账套满足"会计主体假设"的要求，改变了原有基建公司的会计处理流程。

①部门上报程序。财务人员登录统一资产管理平台，对国有资产进行登记，规范会计处理，省去了合并账户的过程，简化了部门之间的沟通程序，大大减少了财务人员的工作量。

②隶属审判程序。政府会计制度要求纳入部门预算的一方"平行核算"。财务管理系统优化和现代化后，系统支持自动生成复式会计科目，减少了对某一基础设施公司是进行财务核算还是进行预算核算的主观判断，从根本上消除了原基建公司因主观因素造成的差错。

③内控程序。高校管理层通过平台固化内控制度，不仅可以减少基础会计制度的更替，还可以减少原有手工办理程序被操纵的可能性。

构建高校财务共享平台的最终目标是为师生教学和科研工作提供优质服务，提供快捷的数据和信息。高校管理必须从战略高度重视平台建设，统一管理理念，明确产业财一体化理念。作为高校管理的中心环节，财务部牵头所有业务流程和财务流程，制定财务、业务流程的各项规范，配合各部门统一数据采集格式，建立统一的数据库平台，在保证信息有效传递的同时加强数据控制，保证财务共享平台建设的顺利进行，提高业务处理效率。

五、财务管理与业务管理整合思路清晰

高校财务共享平台的建设是一个巨大的、不断优化的过程。高校要充分认识到财务工作对高校多样化业务工作的辅助和协同作用，明确产融结合是高校

信息化建设的动力，调动全校各院系的积极性，克服地方利益障碍，促进产融结合，促进财务共享服务的发展，为全校教学和科研提供越来越好的服务。

业务管理系统与财务管理系统接口不完善，数据口径不一致，导致数据交换水平低，财务部门无法科学合理地处理和分析数据，不利于高校业务的优化整合。作为数据标准化的制造商，财务部应制定简单易懂的操作指南、标准化的操作流程和统一的数据标准化模型，在定义新系统的参数时，可与其他部门合作，统一信息编码。对于旧的业务系统数据，必须转换成财务共享平台定义的统一标准数据，加强预算活动、会计事业、清算事业、公共采购事业、公共资产事业、基础设施项目事业和合同事业管理的内部控制。平台应为高校财务创造一个内控环境，如借助平台的信息功能，发布业务预警，提高内控和财务管理的透明度。

六、高校资金保障方案

要想使高校资金得到更加合理运用，需要财务信息现代化建设，稳定资金的流向。高校财务共享平台的完善可以使资金的使用的渠道更加透明，整合先进的网络和系统软件设备，需要借助一些软件开发公司的通力合作。高校的软件开发仍处于一个新兴阶段，各方面的发展都需完善。高校财务信息系统与随之建立起的数据库对于资金的管理是十分关键的。资金的统筹以及后续的核对，都需要建立完善的数据库。高校要充分发挥自身优势，利用丰富的科研设备和高素质的科研队伍，不断更新科研成果，将科研成果转化为生产力，提高学校管理的核心竞争力，共享无形资产，与提供生产技术的相关科研机构合作，转让专利技术等，为高校教学科研发展贡献自己的资金。

（一）积极争取社会捐赠

社会捐赠也是高校资金的重要组成部分，高校一般都会配备自己的募捐委员会，学校的学生会以及管理部门相互协作，恰当适时地管理分配募捐的资金和物品。募得得到的资金和物品同样需要进入数据库，登记资金流向，这也是对捐赠者负责。获得募捐资金是加强学校社团与社会之间沟通的有效方式。加强学生与相关企业的沟通，步入社会后的学生也通过这些活动不断关注母校的发展，向学校的基金会捐赠可以增强企业的社会责任感，这些做法对于学校的发展也是十分有利的。

（二）积极争取财政拨款

尽管我国高校的融资方式越来越多样化，财政拨款仍然是我国高校最重要

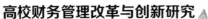

的经费来源之一，综合性地方大学应争取同级或最高一级财政部门的支持，积极投入高校信息化建设专项资金，加快高校财务共享平台建设节奏，以促进高校信息化建设的发展。

七、人才保障计划

财务共享平台的建设和后续的运维使传统的财务管理模式发生了很大的变化，重复的部分将实现自动化。财务人员不仅要实时掌握会计专业知识和信息操作领域的最新知识，还要构建一个具有较强数据处理能力、数据分析能力的T型知识结构。高校要加快完善人才聚集机制，为信息化发展提供专业化、高素质、高层次的人才。

（一）注重人员培训

普通高校的主要任务是培养与教育人才，是培养新时期的高科技型人才的摇篮，在学校中集中了许多高科技人才，因此应该充分利用教育优势进行人才培养，培养新时代的科研型人才，加快开发软件，完善信息系统，优化相关教育课程，提供实践机会，着力培养财会类、计算机类高等人才。高校应优化课程体系，构建会计专业学生的知识结构。例如，课程增加了对云计算和大数据的介绍，大数据分析、流程管理、表格模拟等课程将新技术、实践课程与专业课程相结合，加强与人才招聘企业的联系，积极为学生创造就业机会。

（二）促进人员专业知识培养

高校的教育方式还是较为传统的教育方式主要分为职业教育、继续教育以及学历教育等。这些较为传统的教育方式，不能满足信息发展的需求，需要对专门的人员进行培养，为其提供一些职业教育的机会。与此同时，高校还需要进行相关法律法规的培养，以避免相关人员触碰道德与法律的准绳。高校的专业人才对高校财务管理发展至关重要。

①提高专业技能。高校除了要定期组织财务人员参加各种经济论坛和学术交流，了解最新和最权威的发展形势以外，还要聘请资深会计专家指导财务共享平台建设，对共享平台数据处理和数据分析中的基础性以及难点问题进行答疑解惑。

②提高有效作战能力。高校可以与软件公司在平台建设方面加强合作，建立高校财务共享办公室，定期邀请软件公司技术专家为财务人员提供系统操作指导和实践培训。为应对共享平台工作高度自动化的局面，高校可以从商学院或会计学院抽调优秀复合型高水平教师到财务部指导财务共享平台建设。

③提高管理水平。财务部门应成立专门的岗位轮换工作组，根据平台建设的需要，提出相应的岗位轮换分级制度。一线会计人员拓展了业务综合处理能力，为今后的晋升奠定了基础，全面提升了管理水平，增强了战略管理意识。

（三）建立奖惩机制

财务部门可对不同年龄、职称、专业层次的人员建立奖惩档案，制订富有挑战性、可操作性强的培训学习计划和年初工作安排，年终分部门和个人两级进行绩效考核。按照年初的计划，年度绩效考核结果将直接与当年的年度奖励、职工职称评定和下一年度的晋升挂钩，鼓励具有多项专业技能证书、较强学习能力和实践能力的财务人员向高质量的管理会计发展，将丰富的管理知识和经验转化为战略会计，以调动人员工作积极性，以鼓励所有财务人员在各自岗位上为平台的建设做出相应贡献。

八、高校风险管控方案

高校财务共享平台的建立和优化是一项不断发展和进步的复杂工程，适应新的信息系统和技术的发展，加大高校财务信息的透明度，这些因素导致高校财务共享平台建设面临着战略、技术、网络等风险的挑战。高校需要加强平台建设的多维风险管控。

（一）战略风险控制

外部环境正在改变，如果决策层和管理层在战略规划阶段对平台建设效果过于乐观，缺乏风险意识或准备不足，在平台建设中后期容易出现战略漂移，而原有的战略规划将不再适用于新的环境，这将导致战略规划失败。决策层和管理层必须高度重视平台建设和后续优化工作，增强风险意识，推进阶梯式平台建设，借鉴企业成功案例，结合高校实际情况，开展小规模试点，实时反馈平台运行中存在的问题，发现问题及时解决，最终实现整个平台和谐发展。

（二）技术风险控制

高校财务共享平台在建设和发展的不同阶段可以采用不同的开发技术应用于不同的子系统或平台，随着信息化建设的不断发展，原有的技术将被淘汰。新技术的出现无法实现与旧平台或系统的非间断耦合，直接影响到平台的建设和发展。高校将一些零散的步骤交给外包公司处理，提高办事效率，在此过程中高校需要签订法律合同，保证主营业务和信息的保密性和安全性，并充分利用自身的资源优势，通过各种信息系统之间的接口获取信息。

（三）网络风险控制

高校财务信息系统的建立需要网络安全的保障。财务共享平台集合了高校财务管理多方面的重要数据，系统的安全性与保密性需要得到保障，如果遭到恶意的网络伤害，对财务管理会产生威胁，信息的公开也会受到影响。财务信息实现最大程度的公开透明，内外网融合，如果发生不可抗拒的灾难或犯罪分子的恶意入侵，或硬件故障、老化，财务服务将长期中断。高校要提高财务风险防范意识，建立风险事故应急预案，不断提高对数据的支持和恢复能力，确保数据的安全。除利用防火墙、数据加密、入侵检测等技术手段确保网络安全外，我们还需要在硬件设施上进行完善，考虑一些专门的服务，如硬件网络设施，与平时高峰期大家都使用的网络相区分，避免网络卡顿等问题，以尽可能为大家提供舒畅安全的网络服务。

第二节 高校无形资产管理体系构成

一、高校无形资产的构成

目前，高校无形资产还没有统一的定义。有学者认为普通高校的无形资产是普通高校的财产，不存在实物形态。高校长期以来普遍使用的无形资产包括专利、商标、著作权、土地使用权、非专利技术、商誉等。有学者认为，在同等条件下，普通高校在办学过程中并没有发挥独立的作用，而是形成了与其他普通高校在教育产值上的差异。结合我国《高等学校会计制度》和《高等学校知识产权保护与管理规定》，我们可以这样界定普通高校的无形资产，即培养高校学生、提供教育服务、生产和提供商品。高校无形资产不存在能够同时为普通高校创造社会效益和经济效益的长期非货币性资产的实物形态，因此，我们可以对高校无形资产的主要构成要素进行或多或少的分类。

市场资产是指高校能够从中获得市场相关利益的无形资产的总和。一是信息资产。也就是说，通过信息技术系统的发展所形成的信息具有收集的可能。二是良好的社会关系。在发展过程中，高校通过不间断的长期努力，建立了各种有助于自身发展的良好社会关系。三是学校的图景。普通高校经过长期的奋斗，在全球视野与评价等方面形成竞争力，如"211""985"高校等。市场资产可以显著提高教育、科研和社会服务领域的社会效益和经济效益。

（一）高校人才资源

人才资源是高校的天然优势。在教育研究的过程中，高校有很多优秀的人才。特别是中国重视高等教育的人才利益，对有突出贡献的专家、新世纪人才等的支持力度空前，各高校在各个领域取得显著成果的学术界人士纷纷出现。高校所拥有的各种优秀人才的优良品质优势日益显现，成为影响高校竞争力的重要资产。另外，高校毕业生通过自己的努力取得了显著的成绩，对母校的发展产生了显著的影响。这一部分高品质毕业生分布越广，这种辐射和牵引作用就越强。人才资源是促进高等教育发展的根本要素和最重要的资源，也是促进高校竞争力提升的无穷源泉。但事实上是，由于人力资本和人力资源主体具有不可分离的性质，以及知识的产生和创造的周期性等特点，高校很难在短期内积累足够的人力资源优势。高校要不断提高自己的竞争力、凝聚力，创造适合人才成长的环境，才能拥有相对稳定的高素质的教育研究团队，培养更多高素质人才，形成有竞争力的人才资源。

高效能的组织机构、高素质的人员配备是优化财务管理模式的必要条件之一，也是整个优化过程能够顺利进行的重要保障。结合某民办高校跨区域办学、存在多个财务收支主体的现状，其对学校现有的财务组织机构和人员情况进行综合分析后，对学校现有的财务组织结构进行重组，对现有的财务工作人员进行重新分配、再培训。

高素质的财务人员对于一个高效的财务管理模式来说是根本性的保障，也是财务工作正常高效运行的基本载体。某民办高校地跨A市与B市，又有许多分支机构，财务人员的素质参差不齐，从财务技能、财务知识的掌握到个人自身的能力、经验、性格特征、职业偏好也都相差较大。某民办高校虽然在办学的过程中对财务工作进行了一定的改革，但还是偏向于传统的财务管理模式，财务工作集中于简单、重复性高的基础性核算业务，财务人员的技能水平与知识的层面普遍比较低，复合型人员不足。鉴于此种情况，学校应对症下药，提高财务人员对移动互联时代的适应性，对原有财务人员精准分类，大力引进复合型财务人才，在培养其信息化财务工作技能的同时，培养其大局观念，使其对自身的职业生涯充分规划，提高综合能力，尤其是创新能力，在有限的时间内建成一支适应性强、信息化程度高、高素质的创新型财务人员队伍。

现代科技信息技术的进步对于某民办高校的财务管理水平和财务工作效率来说是机遇也是挑战。学校跨区域办学使学校的财务工作迫切需要高效、强大的财务共享服务中心来提供信息系统的支持。因此，利用自身人才资源，加

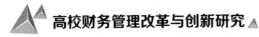

快跨校区共享信息平台建设迫在眉睫，从而可实现业务处理的自动化、智能化、集成化的财务管理目标。

建设跨校区共享信息平台，强大的物质设施保障是财务信息系统平稳运行的基础。某民办高校办学多年，办学情况良好，经济状况稳定，近些年又引进了一批先进的设备，实现了一定程度的电子化，正在逐步向数字化校园发展，但现有的设备与技术还无法完成共享信息平台的建设，部分设备老化，硬件设施不足。在硬件方面，大部分先进的硬件设施都集中在B市新校区，老校区由于办学地点是承租而来的，各项设施都比较落后。在软件方面，财务管理的软件两个校区都采用的是用友ERP系统，财务信息的共享程度不高，信息的传递不通畅，数据的处理能力较差，两个校区之间出现了信息孤岛的现象。另外，新老校区的物质差距也比较大。针对此种情况，学校应从信息技术、网络技术、电子财务管理技术的角度出发，升级、更换老旧设备，尤其是计算机、服务器、路由器等必要设施，充分缩小两个校区之间的设施差距，才能保证共享信息平台的建设工作平稳进行。

财务信息共享服务平台的运行核心是先进的财务管理信息系统。某民办高校结合两个校区的财务工作情况，积极与社会知名的软件开发商联系，并利用自身人才资源，共同开发一套符合该校财务工作理念，信息共享程度高，涵盖财务和业务事前、事中、事后流程，能够充分发挥学校财务部门核算监督职能的财务管理信息系统。新系统应能够快速对海量的财务数据信息进行提取、分类、计算，在最短的时间内开设多个服务窗口以对不同校区、不同部门、不同人员的信息需求进行精准分类与标准化流程处理，对数据进行充分利用，通过实现财务信息"云共享"的方式，使数据共享得以落实，进而为学校管理层决策提供强有力的信息支持。

某民办高校财务部门目前仍然将用友ERP系统作为主要的业务办理系统，系统呈单向操作，整体办理流程较为烦琐。学校应在目前用友ERP系统的基础上，添加"单据影像系统"，通过先进的影像设备实现业务单据与凭证的迅速上传，通过对业务流程进行重塑升级，以模块化的分类方式对现有的业务系统进行分类，推行财务工作"模块化"管理，以分类为基础，实现"业务派单"功能，使每一笔财务和业务单据都能够在最短的时间内精准无误地到达最合适的业务处理人员手中。同时，要使财务系统与人力资源系统、教学管理系统、学生管理系统、资产管理系统等职能部门的信息系统进行融合对接，以"模块化"推动"信息化"，进而实现"共享化"。

（二）高校无形知识资源

知识的创造和传承是高校天然的职责和优势。高校丰富的人力资源和得天独厚的研究条件，使其在发展过程中积累了很多知识产权。例如，专利权、著作权、非技术专利、计算机软件等。也就是说，这些受法律保护的、高校创建的各种智慧产品转化后的资产，即知识产权资产。高校肩负着知识的创造和传承的使命，但事实上无限制的知识的扩散会减少对高校知识产权改革创新的激励。因此，只有制定保护知识产权的法律制度，探索知识产权转化之路，才能更好地鼓励高校进行知识改革创新。

（三）高校管理资产

管理资产是指高校在长期发展过程中，在教育研究和学校经营产业等管理实践过程中积累的管理哲学、管理制度、文化特质等软实力，由政府优惠政策形成的政策资产。其主要包括办学理念、办学特色、办学模式、管理制度和方法、文化特质和文化氛围等。高校管理资产的形成在很大程度上依赖于学校运营理念的改革创新，也属于特定的无形资产优势。

二、高校无形资产的特点

①垄断性。高校的无形资产通常由高校独占，这种垄断受法律保护，禁止非所有者无偿使用专利权、著作权、商标权等无形资产。部分无形资产未受法律保护，但事实上高校设置了保密措施，容易维持垄断地位。

②重叠性。高校无形资产是某种先进成果长期叠加优势，其经济利益远高于成本，可以给高校带来超额收益。学校无形资产越多，能获得的经济利益和社会利益就越大。而且，这种收益往往具有叠加优势。也就是说，通过上一阶段的积累，这样的优势可以进一步扩大。

③双重性。高校无形资产基本服务于教育事业的发展，教育事业本身具有公共物品的属性。因此，高校的无形资产作为高校的重要运营资源，大多数不能直接创造经济效益。高校的非营利性也决定了高校无形资产的双重性。

三、高校无形资产的管理和价值的实现

当今是知识经济的时代，以各类知识为基础的无形资产所占的比重迅速增长，强调无形资产的价值。高校是人才和知识的集中地，这些无形资产是高校科研人员长期研究和实践所形成的。大多数高校对于无形资产只是简单登记，没有计算其价值。由于无形资产在高校发展中的重要作用和独特性，如何管理

无形资产，特别是知识资产，促进高校无形资产价值的实现已成为一个重要的理论和实践问题。我国高校在无形资产管理上还存在许多不足。

四、高校无形资产管理的问题

我国高校经营性资产管理环节存在的问题主要是重有形资产、轻无形资产，重视知识的创造，轻视知识的转化。其集中表现在管理意识、管理制度和管理手段等方面。

（一）无形资产保护意识缺乏

高校资产管理者对无形资产的了解不够深入。管理者需要区分管理是"有形的"还是"无形的"。但是在一般管理中，管理者多重视有形物，如投影仪、桌椅、黑板等，可以切实看到的物品，过于重视对有形资产的管理，相比较之下会忽视对无形资产的保护。在学校的管理中无形资产往往更重要，如无形专利知识产权的相关内容。在学校的无形资产管理中，土地使用权也是重要的组成部分。无形资产绝大多数不是实物，在无形资产出售和转让时，很容易忽视无形资产的存在，加上无形资产管理知识和法律意识的缺乏，研究者经过长期研究形成的研究成果（如文献、报告、著作等）忽略了相应的专利申请，也是存在的。一些高校无形资产管理采用实物资产管理方式，没有统一完整的管理体系和领导部门。另外，很多高校对无形资产的保护不重视，对无形资产的监管大多是空白，在制度建设方面也存在空白，在出现问题时，责任转移现象严重。

（二）无形资产产权界限不清晰

在高校中，对无形资产不重视的现象突出，从根源上来说高校管理层对无形资产的忽视源于产权界限不清，对其变现的性质无法依法确认。在一些高校中，管理者对自身的研究成果的宣传热情也十分有限。高校对研究者的保护存在漏洞，研究者研究的积极性就会受到影响。研究者没有开发和推广的积极性，后续更加不注重新技术开发和管理，将会造成大量的无形资产流失。

（三）科研人才管理意识不足

许多高校的发展都得到了国家的大力支持，重点院校作为科研力量雄厚的科研机构，以国家实施"千人计划"等重大人才计划为契机，增强了引进人才的能力，花费了大量的人力、物力培养高层次的人才。高层次的人才通过学术交流活动展示了自己的才能，也可能在这些活动中遇到一些机会而放弃学校的待遇，造成无形资产流失。例如，一些人才创办公司，这就是对学校利益的损害，造成学校无形资产流失，形成这样的局面也需要学校管理者进行反思，为人才创造更好的物质条件。

（四）发达国家无形资产管理经验借鉴不足

要提高无形资产的运营能力和转化率，促进无形资产的价值实现，必须从解决高校无形资产管理过程中的深层问题开始。在这些方面，发达国家的经验往往是可以借鉴的。

第二次世界大战以来，美国政府对高校的研究与开发（R&D）活动进行了大量的投资。巨额资金成为高校科研改革创新的有力后盾，在物质上保障了高校知识产权创造能力的提升。美国政府认识到，只有允许R&D合同的契约者（R&D活动的主体）拥有知识产权，或者拥有独占许可权，其改革创新的积极性才会提高。美国政府对知识产权制度进行了一系列调整和变革，使高校获得了发明专利权或独占性许可，其中最重要的措施是通过了《拜杜法案》。这是为了确定高校和政府实验室专利权主体的地位，加快技术转移，提高R&D活动的社会效益。

美国主要通过高校的技术许可办公室进行高校教职员工的成果申报、专利申请、专利许可的实施，实现知识产权的商业化。因此，专利许可是美国高校技术转移的主要形式。美国在20世纪70年代就认识到，新技术必须以某种主要手段向公众转移，并广泛应用。而且，这个方法必须有高效率。为此，美国政府进行了一系列政策改革，《拜杜法案》是其中最重要的措施，要求高校在政府援助的R&D活动产生相关知识产权的同时申请专利，加快专利技术的商业化。

美国长期重视知识、人才和教育。为了吸引更多的高级专家，美国提出了新的签证政策。例如，在美国的信息技术革命中活跃的大部分人都来自国外，硅谷项目设计人员一半是海外出身。在重视科技创造者的培养的同时，美国也培养了许多专业知识产权法律人才，进而提高了全体国民的知识产权意识。事实上，在无形资产转化过程中，适当的发展环境是很重要的。

五、我国高校无形资产的价值实现

（一）高校无形资产价值的评估

估价基于房地产市场的建立和商品交易的需要，对规范产权关系具有重要意义。高校无形资产一般不单独反映在会计记录中，由于高校无形资产的特殊性，在其利用无形资产进行对外投资活动时，首先要对无形资产进行评估，确定其投资价值，以作为未来分配投资收益的依据。根据有关规定，无形资产的价值应当由普通高校主管的专业资产评估机构进行评估，采用专业评估程序。委托专家、委托无形资产评估机构，或者委托具有资产评估资质的会计师事务所进行评估，保证无形资产价值评估的客观性、公正性和准确性。无形资产的计价以无形资产收益的现值为基础，收益现值是指无形资产在实际期间取得的收益总额按适当的折现率折算后的现值。无形资产具有垄断性和效率，因此有能力获得超出行业平均利润水平的额外收入，因此不作为一般生产资料用于投资。用于对外投资的无形资产的价值，与学校取得无形资产时支付的成本不直接相关。计算价格的方法可以采用有形资产的计价方法，如市场法、成本法等。这些方法主要适用于无形资产的转让和投资过程。

（二）增加资金投入，提高无形资产的生产能力

高校的无形资产只有转化为生产力才能实现其价值，但事实上管理资金的投资者有限，相应的维护和运营不足，无形资产的生产能力下降。大部分无形资产具有较强的时效性，如果不及时进行成果转换，不仅不能给高校带来收益，管理成本也会有所增加。因此，必须增加资金投资者，将科研成果扩展到市场，设立专门基金来支持研究成果转化，建立相关激励机制，将科研成果转化率、无形资产产出能力等纳入一个重要的审查指标进行范畴审查。利用现代网络技术构建无形资产管理信息平台，加强无形资产信息交流，根据高校的发展目标和市场变化情况动态管理无形资产，通过转让、投资等方式实现高校无形资产的转型。随着知识经济时代的到来，经济一体化步伐加快，世界各国面临着前所未有的发展机遇和挑战。作为知识形式存在的无形资产对于国民经济、社会发展、科学教育进步的作用日益加大。为了满足知识经济时代的发展要求，提高高校的核心竞争力，必须强化无形资产的管理。高校要提高认识，转变观念，建立有效的管理体制，增加资金投资人，加强管理，防止无形资产流失，确保高校无形资产价值增值。

（三）建立无形资产投资、转让、收益分配制度

高校转让无形资产的方式主要有两种，一种是无形资产所有权的转让，另一种是无形资产使用权的转让。学校对无形资产有所有权、使用权和处分权，禁止他人无偿使用无形资产。但事实上，对于有使用权的无形资产，学校只能满足无形资产持有人的要求，有权在规定的期限和范围内使用无形资产。外商

投资高校的无形资产，应当按照规定的程序进行，非经营性资产按照国有资产管理局颁布的《事业单位非经营性资产转经营性资产管理实施办法》的规定办理审批手续。经国有资产管理部门批准后对外投资。无形资产用于对外转让、投资或者设立企业的，由产业管理部门管理。首先由资产评估部门进行评估，根据评估价值调整无形资产账户，避免无形资产的损失，财务部门及时计算成本和收益，为了激发研究者的积极性，必须制定合理的无形资产投资、转让和收益的激励办法，这将给学校发展带来更多的共同效应。高校无形资产的开发对于无形资产价值的实现具有重要意义。①加强无形资产开发成本的管理。②合理制定无形资产价值的量化和评估标准。③为了解高校无形资产的价值，应建立多种渠道，促进无形资产的转移、投资或创造，特别是高校必须增强自身的科技产业化能力，构建规模化学校的管理产业，这是高校提高自身生存能力和可持续发展能力的重要方面。

六、高校企业知识网络的内涵及构成

随着知识经济的快速发展，参与知识活动的组织越来越呈网络化，知识作为一个独立的因素在组织间流动，形成了知识网络。"知识网络"的概念始于20世纪90年代中期。这是由瑞典工业界最先提出的。知识网络是一种经济学模型，是一种生产和普及科学知识的活动。此后许多学者对知识网络有了不同的理解。建立了知识网络的市场结构模型后，知识网络是一个由我们的集合和我们之间的联系所组成的系统。1999年NSF定义了知识网络，即知识网络是一个专门提供知识和信息的社会网络，知识网络是指基于各种社会组织之间的需要，通过知识转移、知识整合和共享，实现知识创新功能的网络结构体系。知识网络由三个基本要素构成：知识行动主体、知识活动和知识本身。知识行动主体是知识网络中共享、接受、传达知识的主动性主体，可以是个人、企业、政府、高校或科学研究机关等。知识活动是指网络之间各行为主体的知识创造、传达、吸收、整合等行为。知识是知识行动主体所具有的信息、技术、经验等公开的或特有的要素。知识和知识活动不能独立存在。知识的创造和传达活动必须依赖于既定的知识行动主体。知识网络加上强大的行动主体，可以加快知识的传递速度，提高知识的吸收效果。因此，知识行动主体在知识网络中起着非常重要的作用。

对于高校企业来说，其知识网络的构成包括高校、高校企业和知识本身，以及高校企业的各种知识活动。外部环境也影响着相关产业链、地方市场、地域资源、地域文化等因素。各方面的投资者资源、人才、信息和能源在高校中形成科技知识、科技能力、科技成果等创新知识，再将这些创新知识转移到高校企业形成新产品，最后进入市场产生经济效益。高校是知识的生产者，企业是知识的应用者。通过高校企业的运营，高校将创新知识转移到企业，企业的生产、研究等核心能力都可以提高。这不仅是企业获得知识、积累知识的有效途径，也是高校实现知识价值的途径。高校作为知识储备和创造的权威机构，在高校企业的知识网络中发挥着不可或缺的作用。高校和企业通过知识网络相互作用，也可以提高国家经济的竞争力。

1999年正式实施的《中华人民共和国高等教育法》明确规定，高校必须开展科学研究和社会服务。国家鼓励高校、企业、社会团体和其他社会组织在科学研究、技术开发和普及等方面进行多种形式的合作。高校企业通过自身的要素更容易与高校和科学研究机关合作，获得知识，积累知识。高校企业知识的转移需要技术改革创新机构，以更有效地将高校和科学研究院的知识转移到企业，经过企业的消化和吸收，成为企业自身的知识。在高校企业知识转移这一知识相互融合的过程中，高校企业是创新的主体，高校是知识改革创新的重要源泉之一。学习和创造知识是高校知识转移的中心目标，虽然高校和科研机构都拥有知识和技术上的优势，对知识转移机制、知识资源和技术成果有用性的研究明显不足，但事实上，其优势在于抢占市场，将技术商业化。因此，高校企业知识转移是企业向高校科研机构学习和吸收知识的绝佳机会。高校企业知识转移有助于高校形成新的知识和创新能力，有助于其未来发展。

（一）知识要素

从知识本身的复杂性来看，高度具体化的复杂知识流要比简单的知识流慢得多。知识要素和知识重构的过程会影响知识在网络中的流动，知识越复杂，知识要素的关联性越强，理解知识的难度就越大，扭曲知识的可能性就越大。就知识类型而言，隐性知识流动远比显性知识流动困难。隐性知识传播的交流和分享的形式具有高度的个性化特征，植根于个体所接受的行为和环境约束之中。其过程只能通过组织成员之间的沟通和长期接触来完成，这必然会影响知识流动的效率。从知识本身的角度看，高校的特点使其成为企业外部强大的知识来源。普通高校更注重理论研究，优势明显，理论研究中的基础技术水平高，知识复杂，理论研究的成果比应用研究的成果更容易向国外传播。高校深厚的知识储备为其研发活动提供了必要的理论支撑，并在长期的研究过程中协助高校的研究工作。高校科研人才形成了大量的隐性知识，对知识创新起着重要作用。普通高校虽然有很多成熟的研究视角，但实际上并没有面向市场的专利技术，通过校企合作，可以获得研究成果。

（二）知识行动主体要素——高校企业

高校教师在长期的研究过程中对知识形成了更深的理解和全面的认识，可以更好地理解知识的重点和难点，对知识寻求最合理、最完美的表现方式，减少知识接受方的误解。所以他们能在知识的传达中保持知识的正确性。此外，他们有丰富的教育经验，可以很好地帮助企业更快地吸收新知识。在高校中，由于学科交叉的便利性和人才组合的灵活性，高校的研究团队有着较强的学习和研究开发能力。在高校企业中，高校的研究团队获得了企业技术应用知识，能感受到来自市场的需求导向，这些信息可以很好地帮助高校进行实际研究，之后向高校企业传达研究成果，减少高校企业内部研究开发的压力。

（三）知识活动要素

知识流到网络上的第三要素是知识行动主体之间的关系以及来自外部的各种影响因素，包括地理上的联系、政府的因素、社会上的联系等。根据相关研究，区域促进是促成知识网络形成的主要原因之一。加上类似知识背景的地域关系，在产业集群内部知识会更快、更简单地流通。但事实上是，由于企业间的激烈竞争，有价值的知识外流会削弱企业的竞争优势，只有依靠地域的企业才能防止知识外流。知识只有在长期合作和相互信赖的社会联系紧密的组织之间才容易流动。社会联系才是影响知识网络形成和知识流的主要关系。

由于高校和企业之间的不同性质，没有竞争的学校与企业之间的知识交流不会使企业失去竞争优势。另外，长期持续外部合作的结果是，工程师创造了自己的一套具体的知识，而且这样的知识很难被竞争对手掌握。此外，高校作为非营利性机构，其大部分科研经费由国家拨款，但事实上这种性质的资金不能充分满足高校科研的需要。资金不足导致高校陷入科研困境，高校有着强烈的外部合作的意愿，获得足够的资金开展相关科学研究，这提高了企业寻求高校作为知识网络外部合作伙伴成功的可能性。从这个角度来看，学校与企业之间形成知识网络，开展长期合作有助于企业的竞争力的提高，这是优势互补的过程。

七、高校企业知识转移的性能提高策略

根据上述知识网络构成的高校企业知识转移的影响机制分析，高校企业知识转移的效果受很多因素影响，充分利用有利影响因素，避免不良因素影响，能更好地提高高校企业知识转移的性能。高校企业知识转移应该从以下几个方面努力提高知识转移的性能。

（一）激发高校员工知识转移的热情

在高校和高校企业的合作过程中，通过培养双方良好的关系，提升高校员工对企业员工的感情，可进一步激发高校员工知识转移的热情。例如，在高校与企业合作的过程中，经常联谊可促进双方的交流和理解。同时，高校和高校企业可以建立相应的激励机制，建立评价系统，在校企合作过程中给予知识转移方面突出的员工一定的奖励，保证知识能顺利从高校转移到企业中。

（二）加强校企合作，促进知识转移

在组织激励方面，企业采取了有效的激励措施。在与高校的合作过程中，企业员工接受并充分消化普通高校的知识转移，如通过相应的保障体系实现个人知识的收支平衡，让企业员工积极接受高校的知识转移。

1. 建立适合知识转移的组织关系

创造高校和高校企业之间共享知识的文化环境是关键。真正的合作伙伴关系是诚实守信和遵守合同，在高校和高校企业中建立相互依存、真诚合作的关系，在合作过程中通过合同形式规范双方的行为，通过合同保障双方的权利和义务。充分考虑到知识的距离对今后的知识转移和技术改革创新活动产生的重要影响，高校企业在考虑自己的知识背景和高校知识背景的相似性的同时，要在双方之间留下适当的知识差距。高校企业应当建立与高校相似的组织文化、规章制度等，同时双方应主动适应对方的组织文化，避免在合作过程中因组织文化差异而发生冲突。

2. 重视知识的消化和吸收

在校企合作的过程中，企业在各个阶段都十分重视对知识的消化和吸收。在初期阶段，企业的知识吸收能力并不是基于自身的绝对能力，而是具有相关属性的相对能力。高校企业和高校之间的知识距离、组织距离等只有适当维持，才能提高知识的吸收效果。在运行阶段，高校企业需要采取积极措施，将从高校转移来的知识内化。学校与企业合作的主要形式是以项目为主导的合作形式。在最后的完成阶段，高校企业在积累知识的同时，还将吸收的知识和企业现有的知识进行整合，形成新的企业知识系统和技术改革创新的知识基础。

第五章 高校预算管理改革创新

第五章是高校预算管理改革创新研究，第一节为高校预算管理的内涵，第二节为高校预算管理现状——以Z高校为例，第三节为高校预算管理的研究背景和措施。

第一节 高校预算管理的内涵

一、高校预算管理的定义

《高等学校财务制度》将高校预算管理定义为，高校阶段教育是根据职业发展目标和计划编制的年度财政收支计划，高校预算管理是学校收支的主要依据，预算管理是高校财务管理的重要组成部分，预算管理贯穿于高校财务活动的全过程。预算管理包括预算编制、预算执行和预算评价。通过执行和控制预算，可逐步实现和优化工作目标。通过预算评估，可分析结果和目标之间的差异，并提供未来预算编制的信息。

二、高校预算管理的意义

预算是对高校未来发展的期待，全面有效的预算管理主要手段对高校发展起着重要的作用。

①可以防止高校产生财务风险。预算管理本质上是实现高校既定目标的控制管理手段，在实现目标的过程中，预测各个阶段的问题，有效地防止各种风险。

②可以提高教职员工的工作热情。高校可以根据预算的完成情况对部门、教职员工进行评价，明确责任，进行奖惩，提高其工作热情。

③有助于高校的全面发展。高校的发展需要资金的支持，不同时期高校的发展有着不同的目标，管理侧重点也不同，因此合理进行预算规划是十分必要

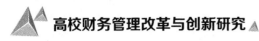

的。通过合理的预算，规划学校下一步的发展策略，督促学校向着更加现代化的方向发展。

④有助于实现高校的总体战略目标。预算为各部门管理人员提供行为指导原则。预算将资金更加公开透明合理规划，各部门之间可以清楚了解资金的分配情况，减少不必要的矛盾，从而有利于提高工作效率。通过预算分配资源，从而使资源得到最佳配置。要实时监测和分析为实现战略目标而进行的调整。

第二节 高校预算管理现状——以Z高校为例

一、Z高校预算管理结构

Z高校现在是国家"985"和"211"工程建设高校，现行的是"统一指导、二级管理、一级计算"的财务管理制度。统一指导是指学校将计划与学校运营资本与资源统一，实行该制度、该收支预算、该会计师管理等。二级管理是指以"统一指导"为基准，以财产权的分配为基准，管理学校的财务活动和财政收支业务。一级计算是指学校计划财务部根据"财务地方分权、财务集中"的准则，按照"会计服务中心"的模式进行计算。各部门已经不必单独设立财务机构了，可以开设银行账户，设立专门的财务负责人。学校常务委员会是预算管理的最高决策机关，主要审查和批准学校的预算项目。校长室主要负责学校预算活动的组织和开展，指示各职能部门的预算相关工作，向学校常务委员会提交预算方案和预算调整报告，实时监督预算执行的进度。金融指导小组指导学校的具体预算管理工作，指导学校全面开展预算管理工作，审查预算方案和执行情况报告，审查与预算管理有关的制度。计划财务部是主要职责部门，拟订预算管理相关制度，整理学校预算编制的基本信息，按照上级财政主管部门发布的年度预算控制数，编制学校总预算及校内预算，实行具体预算流程定期向预算执行负责的分管校长报告进展情况的制度。学校的具体预算管理组织机构如图6-2-1所示。

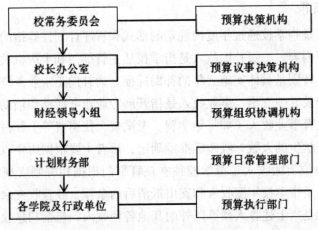

图5-2-1 高校预算管理组织结构图

二、Z高校预算编制现状

（一）预算编制依据和原则

第一，深入贯彻《国家中长期教育改革和发展规划纲要（2010—2020）》，优化预算分配体系，改进资源分配方法，合理科学地配置学校的财政资源，提高预算管理的参与意识和责任感，提高预算编制的水平，促进预算编制的科学化和标准化。学校不能编制赤字预算，必须根据自己的收入确定财政支出的规模，即决定收入。目前在运营发展与资金供求矛盾的环境下，各职能部门应根据上一年度的收入预算，合理调整确定各种支出预算，实现收支平衡。第二，遵守收入预算"积极、妥当"的标准。学校各职能部门应当合理、慎重地进行调查分析，根据实际收支情况，对每项收入进行慎重确认，尽量避免各项不合理收入和其他因素。配合上一年度的预算执行情况，合理制定本年度的收入预算，实现收入预算的全面性。另外，考虑可能影响收入的其他因素，避免风险和重复。第三，遵守支出预算的"统一考虑，重点保证，勤俭节约"的准则。学校的各职能部门应合理分类各特定项目的支出，按分类纳入"特定项目经费""学校运营条件改善特别经费"等特别支出预算。

（二）预算编制内容

高校预算管理工作中预算编制是最重要的一步，预算编制水平直接决定了预算执行监督控制、预算调整以及预算业绩评价等后续工作的开展。学校预算编制内容包括收入预算和支出预算两部分。

1. 收入预算

收入预算是指学校通过年度内规定的形式和程序计划性筹措的资金预算，主要包括以下内容。上级补助收入是指学校从主管部门和上级机关取得的非财政补助收入，特别是具体实施去年的补助标准，为补助正常业务资金不足，包括教育、科研及其他支出。事业收入是指开展专业业务活动和辅助活动获得的收入，包括教育事业收入（如每年学费、考试费、住宿费等）和科学研究事业收入。前者按学生的人数、收费标准等确定，后者主要根据历年收入情况最终确定。附属单位上缴收入是指学校独立核算部门根据相关制度规定上缴的收入。经营收入是指学校年度收入和支出抵消后的余额，经营收支余额应单独反映。其他收入是指上述收入预算以外的其他各种收入，包括利息收入、捐款收入、投资收益等。具体内容如图5-2-2所示。

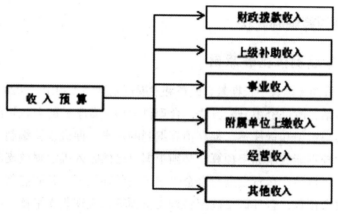

图5-2-2　高校收入预算图

2. 支出预算

支出预算是指计划性地分配学校集中的预算收入，安排的各种资金支出，主要包括以下内容。基本支出是指学校为保障机构的正常运行、教育完成、科学研究进行等日常业务而产生的必要支出，包括人员支出和公共支出。项目支出是指学校的特别预算根据基本预算支出，为实现学校的具体业务、任务或发展战略目标而安排的支出。经营支出是指学校开展专业业务及辅助活动以外的非独立核算经营活动所产生的支出。对附属单位补助支出是指学校财政补助收入以外的收入对附属单位补助产生的支出。具体内容如图5-2-3所示。

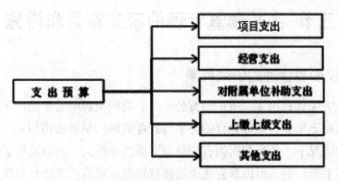

图5-2-3 高校支出预算图

预算业绩评价主要有以下两个问题。

第一，缺乏预算业绩评价系统。

在现阶段，学校在组织预算业绩评价业务时，根据各预算执行部门的负责人根据本部门的实际结算情况自己进行评分评价。各预算执行部门完成业绩评价后，汇总提交财务部门，财务负责人汇总各预算执行部门的自我评价的评分结果进行报告。这样展开预算的绩效评价工作，程序很简单，但事实上最终报告的结果的准确性需要讨论。

在实际进行预算业绩评价时，学校缺乏科学合理的预算绩效评价指标和体系，缺乏统一的评分标准。财务部门填写各预算执行部门的自我评价结果时，只以各预算执行部门的期初预算数和决算数的差额为审查基准，在把握大体情况的基础上直观地进行评分。各预算执行部门负责本部门业绩评价打分的只有一两个人，业绩评价工作过于片面，无法正确取得有效的、正确的自我评价结果，最终的预算绩效评价结果无法客观地反映各预算执行部门的实际情况。

第二，没有完全的奖惩制度。

在实际进行预算业绩评价时，各预算执行部门的负责人在把握了大致情况的基础上，根据以往的经验进行自我评价。学校的财务部门取得了预算业绩评价的最终结果，但事实上没有完全的奖惩制度。对于能够很好地使用资金的预算执行部门没有采取奖励措施，对于自由使用资金而导致预算超额的预算执行部门，也没有采取处罚措施。各预算执行部门的员工积极性不高，就会出现表面上的"假控制"现象。总的来说，在实际工作中要健全奖惩制度，否则预算执行的进度没有意义，业绩评价流于形式。

第三节 高校预算管理的研究背景和措施

一、高校预算管理的研究背景

党的十九大明确提出了"推进教育公平"。高校资源的公平是高等教育公平的体现。从本质上来看，高等教育的公平与教育资源的享有密切相关。在高等教育资源有限的情况下，各高校所拥有的教育资源差异很大，所以高校学生所享受的教育资源不平等。有人可以享有优质的教育资源，也有人无法享有较为完善的教育资源。有人可以享有很多教育资源，有人则只能享有比较少的教育资源。这是高等教育的不公平。高校主要开展教育、科研等活动，与政府机关和其他产业部门不同，高校对人力资源有着很大的依赖性，属于人力资本密集型。人力资源是高校各种资源中非常重要的组成部分，也是高校中最活跃的因素。高校发展的核心是人力资源，人力资源的质量和数量是高校运营活力和发展水平的决定性因素。高校的人员经费反映了高校的人力资源价值。因此，考查高等教育的公平性问题，可以从高校人员经费的角度分析高校资源的公平性。

二、"放管服"改革的现实意义

2017年3月，《教育部等五部门关于深化高等教育领域简单放权放管结合优化服务改革的若干意见》，进一步推进高等教育领域"放管服"（简政放权、放管结合、优化服务）改革，排除束缚高等教育改革发展的体制机构障碍，高校拥有更大的自主权，逐步解决高校在内涵发展阶段遇到的编制岗位、录用人员、工资分配及经费使用管理等深层问题。但事实上是，现在高校在工资和经费的使用上的限制还很多。对此，教育部表示，将继续推进高校人事管理的自主权的扩大，持续对高校放权、减负，在评定业绩工资总量时会倾向于高水平人才集中的单位。高校是高水平人才集中单位，所以未来工资有很大的增长空间。也就是说，未来可以期待高校人员的经费增加。这有效地调动了广泛的教育、科研工作者干事创业的积极性和主动性。在人员经费管理方面，"放管服"改革为高校"留人"提供了重要的政策工具，高校可以根据自身的特点和发展需求，对教育、科研人员的报酬进行"微观管理"。人员经费管理可以进一步深化"放管服"改革。

三、高校精密化预算管理的重要性

2016年，根据国家统计局发布的统计数据，我国用于教育经费支出的财政资金连续五年在GDP中占比超过4%。根据这个数据，政府在高校经费上的投入力度逐渐加大，财政支出和配置状况逐渐稳定。另一组数据显示，如果国家财政资金到位，仍有55%左右的高校存在资金收支矛盾。上述种种问题的存在表明我国现代高校在预算管理方面存在不足。同时，由于新政策的影响，教育部和财政部都对高校财务管理工作提出了新要求。我国高校预算管理发挥战略规划、资源配置、风险预防和识别三个重要作用，在此基础上预算管理逐步加强其目的性，以便于合理配置高校资源，为高校预算管理向精密化方向发展奠定基础，并为保障现代高校的健康和稳定发展提供帮助。

四、高校预算管理的文献概要

学术界人士对高等教育资源的公平性进行了很多研究。从研究的现状来看，大多研究集中在教育经费上，主要从人均经费、基础经费等方面，对部属高校和地方高校的区别进行理论研究，并进行实证分析。高校人员经费支出是总经费支出的重要组成部分，在一定程度上反映了该校的人力资源状况。因此，对高校的人员经费进行研究有重要的理论价值。叶杰以2003—2011年各省、自治区的高校人力资源数据为样本，得出了人员经费支出对人力资源省际差别产生巨大影响的结论。袁连生等通过对1999—2012年56个国家和地区的高校人员比例及相关数据的实证研究，根据国际一般规律，结合我国高校人员比例得出结论。朱菲非根据1999—2013年中国31个省级行政区划单位的面板数据进行了实证研究，认为部分省份的高校工资水平较高，但事实上工资竞争力指数远低于该省的平均水平，出现了高校工资水平竞争力不同步的现象，建议考虑生活成本和行业因素，积极调整人员经费投入力度，确保经济发展促进高校工资竞争力指数的提高，确保高校工资水平的竞争力。根据上述学术界人士的实证研究，"工资福利费、个人和家庭的补助支出（学生补助金除外）的合计一般不超过基本建设支出以外的总支出的50%"的规定明显不符合现实教育的规律。

五、高校人员经费比例制度设计方案

（一）修改不合理的制度设计

在"放管服"改革的背景下，高校人员有权根据学校运营的规律自主使用经费，但在使用经费时必须合理化、合法化，将规章制度细则整理清楚，以人为本，修改不合理的制度设计。

（二）建立稳定的工资增长机制

高校未来工资的增长有自主空间，政府支持高校改革工资制度。工资是高校人员生活的基础，也是高校吸引人才的重要方面，提高教职员工工资水平，可以使高校吸引和保留高素质人才，调动广大教师教育科研的积极性。

（三）缩小学生人均资金分配差距

在高校业绩工资改革和社会养老制度改革的背景下，提高高校生均融资水平，可切实减轻学校融资压力，缩小学生人均资金分配差距，促进高等教育协调发展，确保民生福利政策全面均衡和公平执行。

（四）改革现行财政支出手段

优化财政支出结构，改革现行财政支出主要手段，对于部分长期实施的项目支出，可通过增加系数的方法变更为基本支出，加大基本支出保障力度，增加人员经费来源渠道，真实反映人员支出水平。

（五）制度设计的公平性与合理性

对于社会评价好、收益力强的高校要从财政支援转变为政策支援，对于在成长过程中债务负担重、收益力弱的高校加强财政支援。

（六）考虑预算编制与实际不符的情况

学校的预算是按年编制的，预算的内容包含了学校一年的收入和支出，但有些收入和支出状况很难估计。例如，学校与企业合作的收入增加了预算外收入，学生改善了教育条件增加了预算外支出。这些情况在前一年编制预算的时候是无法预料的，导致预算的内容和实际情况有很大的不同。

六、高校人员经费比例影响因素

（一）高校经费总量的影响

由于人员经费是高校各项支出中规律性较强的必要支出，所以人员经费所占比例与高校经费总量有关。高校经费总量较少，人员经费比例较高，相反则较低。在财政资金投入差异较大的情况下，高校的经费总量也大不相同。财政资金投入少的高校的人员经费也少，导致这样的高校人才流失。

（二）高校生师比的影响

高校的人力资源利用率会影响其人员经费。一般来说，高校教师所占比例在一定程度上反映了教育质量。高校具有一定的人才密集型行业的特点，其产出品质在一定程度上取决于高素质人才的投入。但事实上，根据人员经费控制的要求，有些高校需要提高学生和教师的比例，这会影响高等教育的良性发展。

（三）地区经济发展水平的影响

地区经济发展水平也会影响高校的人员经费支出。如果地区经济发展水平高，财政收入较高，高校经费总量也较高，人员经费的比例就比较低。随着地区经济发展水平的提高，高校教师可能会要求更高的待遇，人员经费比例也会提高。城市不同，城市经济发展水平不同，高校的人员比例也不同。设置全国或全省统一的人员经费比例控制线，脱离实际情况，违反经济发展对高校产生影响的正常规律。

（四）地区劳动力价格水平的影响

地区平均劳动力价格较高或国家（或地区），高校人力资源价格较高，高校教师要求的工资和福利水平较高，人员经费比例也相应提高。人为控制高校的人员经费，如果高校的人员工资比大多数劳动密集型行业的人员工资低，就会导致高校人才流失。

综上所述，高校人员经费比例受高校经费总量、生师比、地区经济发展水平、地区劳动力价格水平等各种因素的影响，不能采用"一刀切"的手段控制。

第六章 高校财务管理的困境解决和模式创新

高校在发展中会不断遇到新问题，面对困境要学会不断寻求新的出路。本章主要论述高校财务管理的困境解决和模式创新，第一节为高校财务管理困境产生的背景，第二节为高校财务管理困境的形成，第三节为高校财务困境的解决方法，第四节为高校财务管理模式创新。

第一节 高校财务管理困境表现

一、高校财务管理困境的表现

（一）审核管理无法避免信息不对称现象

科研经费在违规使用中的信息不对称主要是指，经费的监督方与使用方对研究过程中具体情况的了解程度存在差异。由于经费监督方与使用方之间的信息不对称，在经费使用是否合理的判断上易产生分歧。在科研活动中，高校教师是科研项目的承担者，主要负责科研项目的具体执行工作；高校财务人员是科研经费的支付者，主要通过核对发票来审查科研人员的经费使用情况，对科研经费使用是否合规进行监督；科研管理部门主要负责科研项目的考核与结项，不能同时监督经费的使用情况，也难以实时地对科研经费使用的合理性进行判断。由于不同参与方在科研活动中扮演的角色不同，高校财务人员与科研管理部门并不直接参与科研人员的研究工作，无法有效对经费的使用情况进行管控，因此无法避免科研经费管理活动出现信息不对称的现象。

科研活动是通过对未知领域的智力探索来获得新知的创造性活动，具有不确定性这一核心特征，且科研工作过程中充满着不可预知的因素，因此科研活动难以做到有效的事先规划。同时，社会经济发展状况的不确定性也会对科研活动的经费预算产生重要影响。当预算编制与实际需求发生冲突时，如果强行以先前的计划来限制实际的科研活动，不仅起不到预防违规使用科研经费的作用，还可能降低科研活动的工作效率和成果产出。

（二）科研项目结项经费核算不清

高校内部科研项目结束但不结清账款的情况是引起科研项目的结余费用被滥用、被挥霍或者被占用的又一个关键因素。国家相关规定明确了科研项目结余经费的管理办法，但是这项规范存在两个问题。首先，没有严格详细地规范好结款的完整流程和方法，却只是让学校依照自身不同的情况来完善这方面的规定，这为一些不当使用科研经费的行为提供了可操作的空间。其次，项目负责人结项后六个月内结账的期限过长，不利于对结余经费的有效节流。科研项目结项不结账现象的存在增加了科研经费的管理难度。

近年来，科研经费方面贪腐案件屡有发生，而惩处力度不足、弹性空间大、违法成本低，是其发生的重要原因。一些科研工作者抗拒不了金钱的魅力，对科研经费的公共财产特性认识不足，自律性较差，缺乏学术方面的诚实守信的品德，未能将抵制腐败的思想牢记心中。在经济繁荣以及高校的科研资金投入不断增加的背景下，怎样才能切实恰当地运用科研资金，这是我们亟须探讨解决的难题。

二、避免高校财务管理困境的适用建设方案

（一）明确财务管理和内部控制的程序

1. 明确财务管理和内部控制的工作范围

财务管理是一种完善系统，注重经济和财务方面，主要面向资金、资产等具体工作，熟悉现金流、风险、成本控制、预算管理等模块，目标是优化资源配置、控制成本费用、合理支出。内部控制的核心是"控制"，利用健全的相互制约的工作程序，起到防止错误和防止不正当行为的作用。高校为了拥有健全的经济运营环境，所有的财务信息都必须真实有效地反映财务状况，最终实现对资产的维护，对资金的合法使用，实现效率化的目标。

2. 合理划分责任部门

由于财务管理涉及面广，所以根据与财务管理相关的四个主要方面（资金管理、投资管理、资金运营、利润分配）来划分主要负责部门，其中多与财务部的会计科、资金科、预算科有关，还有基础设施与国有资产管理处有关。回顾内部控制的责任归属，最合理的责任划分是高层管理者设立内部控制建设办

公室，办公室应将各子任务项目具体划分为二级单位。例如，根据等级支付的金额由行政水平不同的人来审查。购买特殊商品需要另外的专用程序。不同种类项目的清算需要指定专业的人员审查。因此，在单一的业务中，经常会有人随时面临被审查的可能。

（二）全方位推进电子文件

随着高校财务管理逐渐精密化，经济业务的标准提高，现有的档案室空间大幅度增加，保存业务证据资料变得困难，需要的人手也增加了。电子文件的全面推进已经迫在眉睫。电子文件突破了传统文件的保存手段，从信息的填写步骤到之后的批准阶段，将信息以数字、代码、照片等形式上传到数据中心保存。信息使用者可以随时上传、接收信息，最大限度地提高了文件使用的便利性。在信息化时代，无纸化办公室已经普及全国，电子发票的出现使会计凭证的信息化成为可能。全方位的电子文件可以免除纸质文件的印刷、粘贴、装订等工作，不仅明显提高了工作效率，文件的保存空间也大大节约了。对现行文件的保存主要手段来说具有实质性的进步意义。

（三）建设高校信息化共享平台

现在很多高校作为财务管理和内部控制的核心部门发挥着作用，但事实上是如何有效地合并还在摸索中。为了在内部控制理念提出初期尽量不改变现有的操作主要手段，一些高校需要在保留校内各模块的原始系统的基础上，建立能够对应各系统的综合控制系统，并实时交换所有数据。然而，通过各种努力，受各领域的专业化水平和系统内的数据转换效率的制约，很难由一个信息技术企业设计能够与多个不同企业同时对应的系统。因此，当务之急是构建囊括教务、财务、人事、基础设施建设、后勤、学工等多个部门的平台，将高校整体数据集中到同一数据共享中心，形成一体化的闭环式管理，保证来自各端口的数据能及时传递到数据中心，保证从每个环节获取的数据都是实时准确的数据。

第二节 高校财务困境的形成

一、高校财务困境形成的相关理论

（一）财务控制理论分析高校财务困境问题

张鸣、张艳和程涛指出，财务困境研究特别是财务预警研究是财务控制的一部分，可见财务困境与财务控制有着密切的关系，高校财务困境往往是由投资和筹资的失控造成的。所以，本书选择财务控制理论对高校财务困境进行分析和论述。

财务控制是财务管理的重要内容，通常指财务部门根据财务法律法规、财务制度、财务计划与目标等，运用一定的程序和方法对资金运动、日常财务活动、现金流转等进行指导、组织和约束，确保财务目标实现的管理活动。其方法多样，核心内容是资金的筹集、投放与收益分配。在财务资金有限的情况下，解决资金供应与需求之间矛盾的途径就是对筹资、投资和分配进行有效的调节与控制。一方面以尽可能低的成本筹集资金，另一方面尽可能地把资金投放到最急需的项目上，将筹集数额、需用数额、筹集成本、使用效益有机地结合起来。

国外大多数学者以权变的观点设计财务控制系统，认为财务控制系统设计取决于具体的环境、背景，没有一个最优的财务控制系统。我们认为财务控制是保证契约有效制定与实施的工具，良好的组织控制来源于各个参与者期望的均衡，所以权变思想是进行财务控制系统设计的重要原则，进而为财务控制系统设计奠定了一个基本框架。

根据契约理论，分享知识的条款有助于避免和解决纷争，界定主体之间可执行的契约需要共同知识。组织中会计与控制制造共同知识，以便界定主体之间的契约，因此高校的财务控制可以帮助降低执行契约的成本。孙德轩将契约、期望、共同知识、文化看作组织控制的基本要素，并将组织内部的控制看作契约主体之间期望的均衡。契约理论指出了控制系统设计权变原则的理论依据：组织必须随时观测经营环境的变化，据以重新设计、谈判、实施新的契约，达成新的期望的均衡，保持控制系统的有效性。

权变思想的理论基础在于，由于人的自利性，契约主体总是以自己的偏好为原则选择自己的行为方式。组织内部的控制必须能够克服机会主义行为。孙德轩指出良好的控制可以使组织的成员在满足组织其他成员期望的同时，采取符合自己的最佳利益的行为。契约很大程度上建立在人们的期望的基础上，所以组织的控制可以被看作期望的均衡。当组织的经营环境（如经理人市场、资本市场和产品市场）等发生变化时，原来的期望均衡被打破，原有的控制系统可能失效。

高校战略管理必须随时观测企业经营环境的变化，据以重新设计、谈判、实施新的契约，达成新的期望的均衡，保持控制系统的有效性。孙德轩做了一个恰当的比喻："就像不同的建筑有不同的电力系统一样，不同的组织需要不同的控制系统。"

由上所述，以权变的观点进行财务控制系统设计可以总结为，环境影响因素→控制系统设计→企业绩效与管理者行为。

高校财务控制系统分为人员文化控制、行为控制和结果控制三大部分，三大部分互相依赖并相互补充。

由于高校财务困境往往由于投资和筹资的失控，所以本书重点阐述行为控制部分。行为控制是管理控制中最直接的一种手段，因为它直接将员工的行为作为监管的对象，并且使其行为有利于组织的目标。行为控制主要包括四种形式：行为限制、事前检查、行为的正确性和冗员政策。行为控制的主要内容有筹资、投资、资本预算、资金保管与担保。

财务控制系统应该在权变思想之上建立。然而，在高校的契约模型中，股东、政府和经理即校领导不是分离而是集合在一起的，从某种程度上讲，高校的股东和经理即校领导是一体的，高校只是政府的附属之物。政府作为所有高校的股东，在制定决策时并不能根据具体高校的不同环境而具体对待，而是统一制定，即没有体现出权变思想。高校的领导作为政府官员，这种特殊的身份决定了在任何环境下他们的首要任务都是响应政府的号召，执行政府的政策，那么权变思想更无从谈起。这是高校契约模型的不足之处，在这样的基础上建立的高校财务控制系统是不完善的。高校财务控制系统的功能大打折扣，会造成高校投资和筹资的失控，导致高校的财务困境。

首先，高校的校长主抓财务，没有对其他财务人员进行充分授权，造成校领导权力过大，在制定重大的投资和筹资决策时，不请其他专业人员，如技术人员、会计师、法律顾问、财务顾问等共同参与决策的制定，对决策的可行性进行科学的分析和论证，这样通过行政手段制定决策很难保证决策的科学性。特别是在基建投资方面，高校的领导并没有对拟建项目进行科学的技术经济评价，尤其是对经济效益和社会效益的评价，这些都是可行性研究中必不可少的内容。

其次，高校内部对投资和筹资的决策审批不严格。在企业中，重大的筹资决策和投资决策最后必须提请董事会审批，这样是为了保证决策的科学性。在美国，投资和筹资决策也必须要经过高校董事会批准，以保证决策的科学性。中国的高校虽然也建立了相应的组织，但是中国高校相应组织不具有董事会应该具有的职能，无权对高校的投资和筹资决策进行审批，只有校领导才有权审批，容易造成失控的局面。

最后，政府对高校基建项目的审批不严格。根据基本建设项目审批程序，需由国家级和省级部门审批的基本建设项目，必须经过五道审批手续，即项目建议书、可行性研究报告（含招标方案）、初步设计、年度投资计划和开工报告。这五道手续均需要报省发改委或由省发改委审核后转报国家发改委审批。报批的项目建议书中必须包括主管部门报送项目建议书的请示文件，该文件必须对建设的必要性、建设规模、总体布置方案、总投资及建设资金来源等进行简要说明，即高校的基建项目首先要经过主管部门如教育部门、财政部门、建设委员会的审批。在发改委完成对基建项目的审批后，国土资源部门才能对建设用地进行审批。部分高校基建项目本身并没有经过科学的分析和论证，若政府部门不对其进行严格审批，待审批通过后，高校又以基建项目为由向银行大量贷款，造成高校的负债规模过大，导致财务困境。

（二）非营利性组织的相关理论分析高校财务困境问题

1. 非营利性组织的会计目标

非营利性组织的会计目标是指非营利性组织提供财务信息的目标，或财务报表目标。西方国家明确提出了政府与非营利性组织会计的具体目标，而我国对此没有进行具体规定。我国目前的预算会计规范主要针对具体业务的会计处理，而没有专门发布公告就预算会计目标进行完整阐述。

根据我国特定的社会、政治和经济环境，考虑并借鉴国外有关非营利性组织会计目标的研究成果，可以从以下三个方面来研究我国的非营利性组织会计目标。①非营利性组织财务信息使用者。我国的非营利性组织应为各级人民代表大会及其代表、国家各级审计机关、纳税人、资源捐赠者、财政部门和上级单位提供财务信息。②非营利性组织财务信息使用者的需要。我国的非营利性组织财务信息使用者需要的主要信息包括资财分配使用的信息、估价劳务和评价劳务能力的信息、评估管理当局业绩和经营责任的信息，以及关于经济资源、债务、净资产及其变动的信息等。③非营利性组织财务报告提供的信息。我国的非营利性组织的财务报告应包括资产负债表、收入支出表、基建投资表、附表及会计报表附注和收支情况说明书等。

2.非营利性组织与营利性组织在会计核算上的区别

由于国有事业单位是我国非营利性组织中很有代表性的一种组织结构，且有其具体的会计核算制度，因此，本书将通过探讨我国非营利性组织与营利性组织（企业）的不同来发现非营利性组织在会计核算方面的一些独有的特点。

非营利性组织会计与营利性组织会计的不同一般体现在以下几方面：①会计主体不以营利为目的，即使期末有盈余，也只是结果，不是目的。②在会计要素上，不存在所有者权益，单位万一清算不需退还原始投资，即使民办单位出资人可以取得合理回报，也只是奖励，而不是按股分红。③在会计原则上，非营利性组织的资金大多要按出资人的意愿支配使用，专款专用是重要的会计原则，这对很多核算问题的处理影响很大，而企业会计则不然。④会计账务处理不采取以利润核算为中心的模式，而是采取以收付结余核算为中心的模式，因此在会计科目设置、会计事项处理上有很大不同。

具体来讲，非营利性组织与营利性组织在会计核算上的区别主要体现在以下几方面。

（1）关于固定资产及修购基金的问题

根据事业单位会计准则和会计制度的相关规定，固定资产在核算方法上主要以固定资产和固定基金同时反映固定资产的价值，除非存在未决的待处理固定资产财产损益或未到期的融资租入固定资产，两者是永远一致的。而且，固定资产在使用过程中不提取折旧，而是提取修购基金，除少数具备条件的单位按照固定资产折旧办法提取修购基金外，其余都依照收入的一定比例计提。实际上，以收入为依据计提修购基金并不反映固定资产的折损价值。这种核算方式存在着很多的弊端：①价值背离。固定资产账面原值与现时净值随时间推移相差越来越大。②虚增净资产。以账面原值核算固定基金，使资产负债表中净资产指标不能反映资产的实际状况，虚增净资产。③成本不完整。一方面，事业单位在购建固定资产时，借记"事业支出——设备购置费"或"专用基金——修购基金"或"专款支出"等科目，贷记"银行存款""应付账款"等科目，同时借记"固定资产"科目，贷记"固定基金"科目，这样核算虚增了事业成本；另一方面，固定资产不计提折旧，人为降低了取得相应收入的成本，虚增了盈余，且不能真正体现会计核算的配比原则。

（2）关于支出核算的问题

支出核算和列报是非营利性组织区别于企业的又一大特点。按照现行事业单位会计准则及会计制度的规定，其主要表现在：无论是事业支出还是经营支出，一律按国家规定的支出项目核算和列报。这一要求使事业单位会计无论在自制资产方面，还是在成本费用方面，都要把与未来支出相联系的各具体要素按规定的支出项目进行明细核算。如果说事业单位的全部资金都来自财政拨款，这种处理是合理的，因为资金提供者需要这方面的信息，然而大多数事业单位除了财政拨款外，其资金来源还有经营方面的收入或其他收入，用这部分资金安排支出是无须按财政要求的列报项目进行报告的。

（3）关于事业单位后勤部门社会化、企业化管理的问题

现行事业单位会计制度中仍保留有"非独立核算经营活动"这一部分内容。对事业单位的经营活动，国家提倡应尽可能进行独立核算，执行企业财务制度，其上缴的纯收入作为"附属单位上缴收入"处理。随着事业单位改革的深入，可把制度中"非独立核算经营活动"这一部分内容删去，由下属经营企业或被投资企业财务机构来管理，其收入和利润通过下属单位缴款或投资收益分配来核算，相应的经营收入、经营支出、成本费用、销售税金可归集到下属企业核算。

（4）关于会计报表的问题

与企业会计报表相比，事业单位会计报表有两个最大的特点：①从会计报表体系上看，事业单位不编制现金流量表；②从具体会计报表的结构上看，资产负债表采用科目余额表的结构形式。

企业编制现金流量表主要是将以权责发生制为基础的收支调整为以现金收付为基础的收支，所以相对来说难度较大，但事业单位有很多业务就是以现金收付为基础确定收支的，而且有企业编制现金流量表的方法作为参考，因而其编制相对比较容易。目前，事业单位不编制现金流量表的做法在某种程度上无法真实反映事业单位的财务状况和现金流量，尤其是当事业单位陷入财务困境时，无法及时采取相应的措施加以挽救。另外，事业单位规定的资产负债表格式遵循的是"资产+支出=负债+净资产+收入"的平衡原理，不符合资产负债表的定义。它实际上是会计科目余额平衡表，这种报表结构沿袭了我国传统预算管理体制下的资金表格式，不仅报表内容与其名称不吻合，也不便于有关方面（如银行）进行分析。

3.运用非营利性组织的相关理论来分析我国高校陷入财务困境问题

高校作为非营利性组织中很有代表性的一种组织结构，不仅具有非营利性组织的一般特点，而且有着其自身独有的一些特征。我们在研究高校财务困境的相关问题时，就可以运用非营利性组织的相关理论来对其进行分析。在我国，高校的财务管理不是以取得会计利润或使相关利益者的利益最大化为目标的，更多考虑的是其社会效益，应以教育事业发展尽可能多地筹集资金，实现财务资源最大化为目标。

在计划经济体制下，我国高校由国家出资创办，高校开展教学科研活动的所有经费也都由国家财政拨款，高校没有财务自主权，也因此办学的积极性不高。在市场经济体制下，高校传统的财务管理模式被打破，财务收支内容不再局限于预算内资金，而是拓宽到预算外的所有办学资金，财务管理的任务由"理财"转变为"生财"，在更大程度上调动了高校办学的积极性和主动性。现在，知识经济时代到来，给我国高校带来了巨大机遇的同时也带来了挑战，知识已逐渐代替了土地、劳动、原材料、资本等生产要素，成为经济发展的驱动力。高校是培养知识创新和高层次人才的基地，必须加大投入，成为具有世界先进水平的一流大学，这些都需要大量的资金投入来作为培养优秀人才的坚强后盾。所以，高校必须根据法律的相关规定，依法多渠道筹集办学资金。这也使所有高校的领导层、管理层乃至普通教职工，都深深感到了办学经费不足的压力。

为了解决办学经费不足的问题，所有高校都在广开渠道去筹集资金，如税收减免渠道、收费渠道、产业渠道、社会渠道、基金渠道、科研渠道、贷款渠道和利息渠道等。尤其是贷款渠道已逐渐成为高校筹集资金的重要渠道之一，在某种程度上缓解了高校发展面临的资金困难。但需要指出的是，贷款是有偿使用资金的一种形式，它不仅有明确的资金使用成本（利息），还必须在规定的期限全额偿还其所举借资金的本息。在这种情况下，高校既不能像企业利用产品销售收回的资金来偿还，也不能像政府可以通过发行国债来偿还，因此，高校贷款有着很高的财务风险。如果高校无法预测或控制风险的话，则很有可能陷入财务困境的局面。

二、高校财务困境形成的短期影响因素

在扩大招生的政策背景下，高校财务支出也随之增加，大规模支出造成的资金不足导致了部分高校的负债。由扩大招生引起的整体基本建设具有历史性特征。对于高校来说，基础设施的投资风险和借债融资风险的叠加是形成财务困境的短期因素。

三、高校财务困境形成的长期影响因素

中国高校资金不足的情况长期存在，21世纪初出现的集体负债和大面积资金困难是长时间多种情况重叠的结果。在规模扩大之前，由于财政支出长期不足，中国的高校已经存在着经费不足的问题。高校自筹资金的能力不够和资金管理的不完善使问题更加严重。

（一）财政性教育经费投入不足

财政性教育经费作为一种稳定的、免费的经费来源，是我国高校运行和发展的重要基础。在我国，财政拨款几乎占公立高校经费来源的一半。经费分配是否充足，直接影响到高校的办学水平。

1. 财政支出总量不足

财政支出分为中央和地方两种支出。

一是中央教育经费投入占GDP比重达到4%的目标没有实现。1993年国家公布的《中国教育改革和发展纲要》突出了发展目标，到20世纪末，中国财政教育支出占GDP的4%。各级人民政府用于教育的税收支出的增长率高于同一水平的正常收入，保证教师的工资和学生求学的公共资金将逐步增加。国家财政性教育经费占GDP的比重逐年提高，但实际上仍与4%有差距。2010年，我国财政性教育经费投入占GDP的比重最高，达到3.66%，明显低于发达国家的5%，也低于经济合作组织国家的平均水平。

二是地方政府的部分投入出现了滞后。从总量上看，虽然国家财政性教育经费每年都在增加，但实际上从全国情况来看，部分省（市、自治区）财政性教育经费支出低于同级经常性税收收入增长额度，未达到预定目标。这些省（市、自治区）主要集中在中西部地区，也有在东部发达地区的，这与当地政府对教育的重视程度有关。20世纪末，我国高等教育开始了一场新的体制改革，对政府与普通高校、中央与地方之间的关系进行了广泛的调整和厘清。此外，许多高校由地方政府（省政府）管理，一些重点学校是由中央和地方政府共同建设的。1998年至2001年，中央转地方的184所高校，用4年时间安排了45亿元的经费和14亿元的专项经费，其余由地方政府扶持或补贴，同时地方政府投入30多亿元用于学校建设。1993年政府税制改革后，地方政府受益人数没有大幅度增加，高校在短时间内回归并合建，要求地方政府增加教育经费。许多地方高校的生均经费在经费总量中已经下降到一定程度。

2. 财政收支结构不平衡

从1985年至今，我国高等教育实行"专项拨款+全球共享"的分配模式，实行"保证使用、保障使用"的原则，"全球配额"的计算方法是将政策参数（在校学生人数）乘以学生a某、b某分配的数量。它体现了公平的原则，在教育经费不足的情况下体现了效率的原则。国家实施"211""985"工程，高校与普通高校之间的竞争和分化加剧，在市场竞争中，办学条件相对薄弱，全球竞争力不强的薄弱学校的生存和发展前景堪忧，一些高校很快陷入财政困境。

由于政府支出中特别经费的比例较大，因此只能使用预算科目规定的用途和限额，因此无法将特别经费用于与"211"等审查时无关的日常公共经费，而特定项目的经费较多，非特定项目的经费无法维持学校的正常运行，也出现了赤字。

3.每位学生的培训成本提高

通货膨胀和人才培养成本的增加，国家实际生活的平均投资者相对减少。虽然多年来国家的学生投资几乎没有变化，但事实上考虑到学生的培养成本和物价指数的提高，实际的学生投资在减少。

首先，高等教育是系统工程，科学技术的进步带来了校园数字化、智能化的需求，多媒体网络技术正逐渐成为新的重要的教育技术。另外，以学校费用中的一个用人成本为例，十年来高校教职员工的支出增加了很多。据新华社消息，2001年中国高校教师的工资收入水平已经排在国民经济16个行业国有企业职工平均年收入的前列。根据教育部直属高校的统计，教职员工的平均年收入有较大幅度的增长。其次，近十年来，中国的CPI基本处于上升过程。物价上涨再加上学习人数的增加、科学技术的进步、人工费等资金的需求，国家对教育的投入"明增暗减"。严格来说，高等教育价格指数远高于CPI指数，研究人员建议使用单独的高等教育价格指数（HEPI）来测定高校的资金效果。

（二）高校的资金管理不足

高校的资金来源相对不足的同时，日常资金管理的薄弱环节也普遍存在。有限的资金无法合理运用，也出现了浪费等现象，资金不足问题越来越严重。根据国家审计机关、教育内审机关、社会审计组织对高校审计结果的通报，我国高等院校无论是学校级财务还是二级财务。无论是预算资金还是基础设施经费，无论是学校财务部、设备处、基础建设处、后勤管理处等功能部门，还是附属学校经营产业、附属医院、附属中学、附属小学等部门，违反规则的问题都较突出，如赤字预算、固定资产账实不一致、违法投资融资、挪用公款、票据管理混乱等。

四、高校资金管理存在的问题

（一）资金管理缺少全面的管理制度

预算管理制度可以很好地帮助人们合理利用资源，提高资金使用效率，减少因盲目违反规则而导致的财务风险。高校财务制度以预算管理为高校财务制度改革的核心，但事实上很多高校还没有确立全面的预算管理制度。即使有预算制度，预算也不能成为日常资金管理的法定依据。有的高校不遵守规则，擅自变更预算。资金收支缺乏统一的计划和控制力，随意性大，使用混乱。一些高校的预算与实际不符，指标不科学，缺乏审查依据。部分高校的未收入款项长期计入，库存物资占用不合理，资金周转缓慢。

（二）资金使用效率较低

作为改变高校经费紧张局面的重要一步，经费的减少和资源的开放是一样的。现在，普通高校普遍存在着不合理的经费支出和资金浪费，从资金投入到专项维修和一般日常维护，从后勤水电、房地产资源的管理到各种实验工具设备的购置和使用，加上各种物资的采购、使用、管理，各种浪费现象屡见不鲜。一些高校在建设新校区的过程中，不顾自身财力，相互竞争，盲目扩张。审计署审计报告指出，部分高等教育园区建设脱离实际，对景观效果要求过高，造成用地浪费和资金浪费。许多高校忽视了资金的作用，对资金成本的认识不足，对资金的计价观念淡漠。目前，高校联合办学的资金状况相当严峻，但仍存在着资金不足、计算不足、整体观念不完善、管理体制不健全等问题，大量的临时性资金被解锁，降低了资金的使用效率。资金的使用不局限于效果和利益，也不追求效率，这是一个不容忽视的现实问题。

（三）资金管理监督不足

从近几年对高校财务审计的检查情况分析来看，一些高校存在"小金库"现象。大量资金包括对外有偿服务的收入，培训班的收入，罚款、租金的收入，考试申请费、计算机的使用费、复印费收入，回购收入，各种捐款收入等。上述"小金库"金额较大，涉及部门较多，学校资金分散，扰乱学校经济秩序，容易引起个别教职员工的经济犯罪。没有监督的权力容易被滥用，腐败也容易滋生。监督管理体制的缺失使许多高校的主管人员在基础建设、教材的集中采购、招生、后勤服务等阶段的权力较大，使高校成为腐败灾区。分析其成因，有在市场经济条件下高校办学经费来源的多样化为腐败提供了机会，还有财务管理结构的缺陷与缺乏权力的有效监督。

五、高校财务困境形成的深层原因

（一）预算软件限制

高校为何存在集体债务？高校的动机是什么？事后政府为何要主动出手救

助？投入不足只是我国高校集体债务的表面因素，其原因还包括高校与政府之间存在预算软件限制，科尔尼提出了预算软件限制理论，发现了社会主义社会中的国有企业，在面临破产和亏损时，政府一般会帮助企业撤资、减税，降低投资成本或以其他形式解除企业的困境。国有企业的经营管理者也常常期待得到国家的援助。预算软件的限制给高校的管理和业绩评价带来了很大的困难。由于预算软件的限制，财务状况恶化、资金困难对高校难以形成有效的制约。管理者容易产生依赖心理，寻求学术界人士（政府）的救助。由于缺乏提高学校运营效率的动力，学校将成为低生产、高消耗、成本最大化组织。我国高校预算软件限制的形成有其特殊的背景。

第一，预算软件的限制是高校财务管理中限制管理的因素之一，高等教育的外部性是制约高校预算发展的内部因素，高校和企业会为了运营减少对人不必要的伤害与风险，高校社会功能的衍生功能是教育对经济和社会的影响。高校具有人才培养功能、知识创新功能。学校的运转关系到千千万万学生及其家庭的利益，关系到社会的和谐稳定，如果学校因资金链断裂而继续经营困难，或者经费大幅减少，为了社会稳定，政府会从自身利益出发帮助学校。高校的外部性受高校规模、影响力和办学水平的影响，高校贷款与规模扩张有一定关系。高校所蕴含的智力资本，将人才投入和智力积累的核心置于社会结构体系的"单一功能垄断"地位，垄断性和外部性的存在是高校在必要时与政府谈判的资本，根据美国科学家明格的研究结论，如果一个机构提供垄断性正异物晶体，会产生温和的预算限制，而普通高校恰恰符合这一条件。

第二，公共财产权和政治负担通过对软件的预算限制形成了一个制度环境。预算软件限制培训包括所有权制度、权利划分等制度条件。

首先，公立高校的情况决定了政府对高校的控制。根据《中华人民共和国教育法》，学校和其他教育机构的国家物品属于国家所有，根据《中华人民共和国高等教育法》，国家受《中华人民共和国高等教育法》管辖。高校自批准设立之日起，必须取得集体人的地位。政府拥有所有普通高校和普通高校的所有权。除国家财产外，对集体人的财产、控制权没有明确的规定。

其次，政治不对称和信息不对称的影响。林毅夫等人提出信息不对称和政治负担会诱发道德风险和管理者的逆向选择相关理论。经济合作组织的研究表明，世界上大部分国家面临同样的问题，政府越来越关注国家政策与社会经济的发展的重要性，政策应服务于社会经济的发展，应该服务于人民，并且通过社会政策的制定调动群众的积极性，促进建设学习型社会，带动全民学习的热潮，提倡终身学习，不断提高人们的各项技能，培养社会参与公民意识和素质建设。必须贯彻落实城市和城市发展方针，促进经济发展，促进文化建设和创新，促进知识经济的深化，提高基础研究和应用开发水平。高校作为政府命令的执行者，必须根据主管部门的政治意图制定招生和教育指标。中国已经完成了精英高等教育向大众化的转变。但事实上，教育经费规模和招生规模并没有同时扩大。

第三，管理者激励目标成为预算软件的驱动力。预算软件限制只有在有行动动机的情况下才会发生，经营者的客观动机就会丧失，最终形成预算软件限制。高校的健康发展取决于由谁来管理。根据《中华人民共和国高等教育法》，校长、副校长按照国家有关规定任免，国家主办大学校长负责制由中国共产党基层委员会领导。中国的高等教育机构，实行政府机构的行政级别，实行主体行政责任制。不同规格的高校校长的行政级别是不同的，如一般的中央直属高校的校长属于副省级，省级直属中学的校长属于厅级，教育厅（地级市）直属中学的校长属于副厅级。

公立学校的管理者由政府任命，政府是最有权力的绩效评估机构。教育部发布的《关于加强高等学校辅导员班主任队伍建设的意见》中提出，今后将聘请专家担任高校校长、副校长，实行委任制，我国中学校长、副校长的任期一般为四年（五年以上的学校，任期可以为五年），经高级任免机关批准，可以连任。短期聘用容易让经营者关注近期有效的绩效项目。新校园的建设、校园环境的改善、教育评价的精益求精、学校办学水平的提高等，如果能够通过举债获得更多的资源，高校管理者在任职期间无须承担报销责任。

（二）财务管理体制缺陷

财务管理是一系列动态系统的配置，通过财权来调整利益相关者在财务系统中的地位，最终提高管理效率。普通高校财务管理是普通高校管理的重要组成部分。从财务的角度看，我国许多高校还没有完全实现政府机构向独立经济主体的转变，财权配置是合理的，没有法律的对称性，没有有效的财务管理结构的激励和约束。高校财务管理不严谨，在实践中暴露出许多不足。学校管理人员是由政府任命的，没有教职工、学生及其家长的代表。根据约翰·阿根蒂的分析，首席执行官支配着他们的同事，不是指导他们，而是做决定，不听取不同的意见，不管他们的沉默和冲突，如果没有人警告他、拒绝他或削弱他的权力，他容易滥用职权，决策失误，这是很多公司失败的主要原因之一。高校财务负责人由政府任免，财务监督权由纪委产生，在监督管理部门中，学校监督不能独立，工会作为教师队伍的代表机构，很难发挥民主监督的作用。如果银行、学生、校友等第三方和其他利益相关方的外部监督不能参与，很容易造成约束性制度的缺失，形成内部控制。财政部和教育部管理财政部所属高校的预算，并建立专职人事制度。中央预算基层单位的监督管理职能不断增强，涉及旧决算审核、国库集中支付、银行账户管理等问题，在基层预算单位的日常财务管理中也存在这种现象，高校多是自主贷款。根据《中华人民共和国担保法》的规定，高校不能把学校的房产作为贷款抵押物，高校实际上是把将来的学费（有权收取）抵押给银行，如果学校贷款过多，银行不发放银行贷款，以教授的个人住所为抵押或以教授工资为抵押向银行贷款，有的高校要求教师为学校进行个人贷款。在我国高校财务管理体制存在缺陷的情况下，很容易出现战略决策失误，包括投资决策和融资决策。

（三）历史往来款项管理模糊

事业单位往来款项是指，事业单位在日常工作中，与个人或者与单位之间发生的暂时性需要后续清算的往来挂账款项，主要包括各种暂收款、各种暂付款等。

事业单位历史往来款项是指，挂账时间在三年以上、历经几任领导仍未能按规定清理的往来款项。其中有不能收回的借款，有收入性质的往来款，基建项目往来款项，部分是5年甚至10年、20年以上的陈年老账，基本上已形成呆账。

1.客观原因

第一，上级主管部门和审计部门监督检查力度不够。现在的事业单位决算报表主要包括预决算收支、预算外收支、事业基金、资产情况表等，但就是没有往来账款的明细表，由此可以看出上级部门对往来款项管理的重视程度不够。财政、审计部门也非常关注预算编制及执行情况、预算收支核算、政府采购、预算外资金的管理、固定资产的管理、银行账户的管理和财政国库支付等方面，但对于往来款项缺乏关注，间接地造成了各单位对本单位往来款项不重视，没有进行专项管理。

由于往来账的很多业务并不是直接地表现为重要的财务指标的，并且往来账的内容杂乱、取证不易，审计人员对事业单位往来款项不够重视，常常忽视审查。这些都使事业单位往来款项管理即使出现问题也常年得不到解决，日积月累，成为无法解决的历史遗留问题。

第二，往来款项交接历史遗漏。有的事业单位因为会计人员、经办人员、主管领导更换过于频繁，在工作移交时疏漏了往来账目的清查、核对，致使一些往来账发生的时间、内容不清楚。再加上近年来，会计核算制度也由自行核算发展到集中核算再到自行核算，这样几经更迭，现任财务人员对于历史往来业务的来龙去脉一无所知，甚至整个单位都没有人了解这些业务的详情。

第三，未及时进行基建工程的竣工验收。在一些有基建工程项目的单位，由于项目涉及时间跨度长，预算、拨款、支付、验收、结算等环节众多，基建工程项目常常超出预期完工时间，造成与基建工程相关的预付账款、质保金等往来款项无法得到及时清算。还有一种情况是，在基建项目完工后工程质量有瑕疵，导致竣工验收无法通过，工程施工方不惜放弃保证金也不配合工程的结算，有的从此杳无音讯，留下质保金或预付款长期挂在单位预付款类账户上。

第四，单位投资缺乏相应的监管制度。随着市场经济的进一步发展，部分事业单位为了使多余的资金获得更多的投资收益，开始使用多余资金进行单位之间的借贷或购买股票进行投资。由于市场经济的不确定性以及一些单位的信用危机，有些形成无法收回的借款和无法增值的投资长期挂账在应收款项里。

2. 主观原因

第一，思想认识不到位。业务部门负责人、经办人员和单位财务负责人对财务管理的认识不到位，不注重往来款项管理，没有把往来款项管理提到议事日程上来常抓不懈。财务管理人员由于思维定式主要关注预算收支和成本核算等方面，忽略了对往来款项的管理，没有把往来款项和单位的资产负债指标、绩效考核相联系，导致对往来款项清理不及时，形成历史往来款，最终成为坏账。

第二，相关人员责任心不强。事业单位部门负责人、经办人员、财会人员责任心不强，风险意识淡薄，也是造成这一问题的原因。有些单位从上而下对财务管理的重视程度不够，对往来款项管理非常随意，缺乏往来款项清理责任追究制度，相关人员在离任时的交接工作没有严格的制度监督和约束，使往来款项得不到有效清理，从而越压越久。单位的新领导害怕承担责任，抱着"新官不理旧账"的想法，不愿意接手处理以前遗留的往来款项问题，对历史往来款项挂账不进行处理。部分经办人员、财务人员也对往来款项持消极态度，对自己任职之前发生的业务，认为多一事不如少一事，不去积极清理。如此导致个别往来款项长达几年甚至几十年挂账无人问津。

第三，缺乏完善的内控政策及程序。事业单位内部往来款项监督管理制度不健全，一些单位简单依靠国家出台的相关资产管理制度和会计制度对本单位的往来款进行粗放管理，而未意识到这些制度只是对往来款项的管理提出要求、指明方向，具体工作中的实施细则、工作程序需要各单位根据本单位的实际情况来制定。缺乏相应的内部控制政策及控制程序，使财务人员在进行业务处理时无章可循，导致应收款项在事前审批上没有得到良好的资金授权，审批制度也是徒有其表，执行力度不够。单位内部在往来款项的事中管理、事后跟踪管理上也因为没有相应制度的监督而松懈，导致在财务管理上出现漏洞，最终形成不合理的往来款项挂账。

第四，会计核算不规范。事业单位在往来款项的会计核算上存在很多不规范的地方，加之缺乏相关的监管制度，往来款项处理随意性大。会计核算不规范造成了事业单位会计基础工作薄弱的不良状况。其一，应上缴财政款没有上缴。有的单位将应缴财政收入或违规收取的费用挂在往来款项中，并从中坐支各项费用，有意隐瞒、挪用或滞留上缴财政收入。其二，多列或少列财务支出。有些单位将应列入支出的费用作应付款处理，有的单位将预算支出列支在往来科目里，使经费结余信息不实。其三，借款挂账，不列支出。有的单位将公务差旅费等借款长期不报销，导致每期少计支出，会计信息未能如实反映单位的真实财务情况。

第五，财务人员专业素质不高。一些财务人员业务水平较低，造成会计基础工作产生很多漏洞。财务人员在离职交接工作时，未按财务规定严格执行，仅对账面数进行移交，没详细分析往来款项的真实情况。一些财务人员不及时提醒单位领导清理往来款项，使往来款项清理出现断层，往来款项挂账余额越滚越大，旧账未清完又产生新的挂账，像滚雪球一样，最终形成坏账，造成单位资金损失。

往来款项在事业单位的财务指标中占有很重要的地位。管理好往来款项，能提高资金使用效率，保证国有资产不受损失。反之，如果存在很多往来款项挂账不清理的问题，将直接导致坏账发生，使会计信息的真实性存疑，将对事业单位的财务状况造成很大影响。

一是影响会计信息的真实性。一些事业单位往来款项挂账数额大、时间长，有的达上亿元，有的账龄在15年以上，都未及时清理，使财务报表数据不真实，会计信息失真。

二是影响事业单位国有资产安全。往来款项的资金安全关系到单位国有资产的保值和增值，应收款项要及时收回以确保单位资金完好无缺，应付款项要能够按时归还，使单位的诚信度不受损。反之，往来款项长期挂账，最终因为过了法律规定的追讨时限，就变成了无法收回的坏账，使单位国有资产蒙受损失，影响事业单位资金使用效益。事业单位如果不能及时收回债权，按时归还债务，日常运行资金被不合理占用，单位在公务和经济活动中及时调度安排资金的压力就会增大，影响到正常的事业工作运行。长此以往，形成恶性循环，就会影响事业单位资金使用效益，甚至影响到单位的长远发展，影响单位廉政建设。事业单位历史往来款项不能及时清理，很多制度上的和管理上的漏洞就无法被暴露出来，问题也得不到解决，不仅给国有资产造成损失，还可能成为腐败滋生的温床，使一些玩忽职守的领导干部逍遥法外。

六、高校财务困境形成的路径

从政府、银行和高校三方博弈的角度来看，政府干预可以降低预算约束的程度。从银行的角度来看，银行期望政府在高校面临危机时不要停滞不前。因此，扩大高校贷款规模是一种理性选择。从高校的角度来看，如果政府与高校之间存在隶属关系，高校的管理者就会对接受政府资助有一个理性的预期。

第三节 高校财务困境的解决方法

一、高校网上银行业务存在的风险和问题

风险是指事件造成的损失的不确定性。风险的种类有很多，巴塞尔银行监管委员会曾在《有效银行监管核心原则》中将传统的银行业风险分为信用风险、国家和转移风险、市场风险、利率风险、流动性风险、法律风险和信用风险等。网上银行的业务风险在本质上与以往的银行业务风险没有区别，但事实上传统的银行业务风险中加入了技术因素，使风险变得复杂化。另外，与以往银行业务的风险相比，网上银行业务的风险更大，这是由于网络的虚拟性。网上银行的具体风险和问题主要有以下几个方面。

①不可逆转的风险。网上银行交易是即时支付。目前，网银交易支付方式有直接支付和第三方平台联动网银支付。但实际上，无论是哪种支付方式，在具体的网银交易之前，银行通常要求客户提交申请手续或提供事先授权。在网上集资过程中，签署网上银行交易合同的过程是没有纸的。银行发布的摘要和在线承诺是瞬时的。发起人将支付指令发送给其代理行和代理行接收指令只需

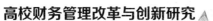

要几分钟的时间。例如，在某中学银行的网络系统中，如果对方公司的户名和账号是正确的，经办人审核后，代理行几乎没有承诺，在交易完成后，如果金额有误，或者网点变成另一家公司，资金就可能无法收回。

②重复支付的风险。由于网上银行系统的数据处理延迟，特别是在大量分发过程中，或是在网络环境不稳定的情况下，很容易出现交易流程无法及时确认的情况。此时，提交者误以为数据提交不成功，需要重复支付。

③法律风险。网上银行交易的法律风险是我国网上银行业务中比较突出的风险。具体来说，其表示法律管制体系不健全、法律监督制度落后、责任规定不明确等。

④内部控制制度不完备的风险。目前，高校大多已经开通了网络，银行转账形式发展、财务系统信息化过程不断加速，但事实上有些高校仍缺乏配套的财务管理制度、内部控制制度和审批制度等。网上银行在管理上存在很多漏洞。

⑤户名不符的风险。现在各高校的学费一般都选择网上银行。一部分银校网络系统无法确认或核对代理人的账户与姓名对应的凭证内容是否一致。如果提交人和审查员合谋将学校资金汇到个人账户中，学校资金可能遭受重大损失。

⑥银校合作系统安全性较低的风险。以某高校的财务负责人为例，他们使用的是用友财务系统，账号和密码是为了工作而简单设定的，而且对于账户和密码没有相应的加密措施，所以账户和密码很容易被盗用。另外，在提交网络转发数据及再确认信息时，操作员无须插入银行U盾。这些是隐藏的风险。

货币资金管理业务流程也是高校财务管理中需要关注的地方。货币资金是民办高校流动资产的重要组成部分，结合学校自身的办学性质，在跨区域办学的过程中并没有政府拨款，流动资金应用较多，流动资金中的货币资金管理贯穿整个财务管理活动，其管理质量是衡量学校财务管理模式的重要凭据。现对民办高校共享服务中心的货币资金管理模块的业务流程进行梳理设计。

①线上提交付款申请。

各个二级学院、职能部门负责财务工作的相关人员要按照有关要求及操作流程，登录财务共享服务平台的货币资金管理模块填写"电子支付申请单"，填写无误并提交后，平台将相关电子数据传送至本部门有权限审批人处进行初审，核实无误后将再次上传至共享服务平台。数据在货币资金业务管理系统进行智能分类，等候下一步审批。

②上级相关负责人审核。

财务共享服务平台打破了空间与时间的界限，上级相关有权限审批人能够随时随地通过各种移动或固定的电子设备登录其在财务共享服务平台注册的账号，对电子支付申请单进行审核。

③平台审查。

上级相关负责人审核提交后，共享服务平台将已提交流程进行智能分类，按照既定程序传送至相应的业务处理单元，由中心专门负责审核的人员根据相关规定对上传数据进行核验。

④付款记账。

中心审核人员核验无误后，平台根据电子资料自动生成记账凭证，而后系统自动触发相关联的电子支付系统即银企直联系统，合作银行收到相关指令后，向相关人员发出支付验证指令，验证无误后资金打入关联账户，完成整个货币资金支付流程。

⑤服务评级及反馈。

财务共享服务中心通过发送短信、邮件的方式邀请报销人员、审批人员对本次平台提供的服务给予评价，而后整合、分析评价结果以便不断改进服务质量。

二、解决高校网上银行业务存在的风险问题的建议和措施

（一）完善内部控制制度

①建立支付授权制度。资金是财务管理的重点，建立合理、完整的支付授权制度是网上银行结算内部控制管理的基础。从制度上规定公私转账限额，如1万元~10万元，达到50万~100万元就需要相应的财务负责人审查，超过100万元需要学校领导审查等。各高校可以在此基础上，根据自身的业务特征，根据现有的财务管理制度，编制适当的风险监督计划和准则，建立支付授权制度。

②确定不合格职务。在以前的结算主要手段中，关于资金业务的印章和票据不能由同一个人管理。将网上银行作为结算主要手段，可通过追加USB密码卡的证明书、账户号码和密码等。因此，我们需要合理决定不适合的职务，实现职务分离。

③明确网上银行的结算流程。网上银行的结算比以往的结算更方便，更经济有效。高校应该通过网上银行支付，设计结算流程，提高结算效率。

④设备管理。计算机是实现网上银行结算的必要设备，高校应安排专门计算机用于网上银行的结算业务。除了系统管理员、被许可的负责人和审查员以外，其他人不能使用这台计算机。专用计算机不能安装与网上银行的结算业务无关的程序和软件，要使用正版防火墙和杀毒软件，为网上银行的安全运行提供可靠的保障。

（二）构建人力资源制度

①确立严格的用人原则。高校人事部及财务部在选择出纳及复审人员时，应选任价值取向好和责任意识强的人，遵循以德为先的原则录用人才。

②加强法律法规和网络安全学习。高校财务部应定期组织网上银行业务相关人员研究财政经济纪律和法律法规，将遵守法律的思想内化于财务负责人的工作行为中。在使用互联网的时候，要注意识别网站的真伪，防止陷入不法分子的陷阱。养成良好的网络连接习惯，避免在人多的公共场所注册自己的网上银行办理业务，注意保护学校的银行账户和密码等信息安全。

③确立常态化的学习进修制度。高校的财务负责人，除了专业技术外，还需专门学习网上银行的知识，熟练掌握相关的操作，熟悉不同的网上银行使用环境，营造尊重知识、尊重人才的文化氛围。

④实施定期轮换的岗位制度。财务部应明确岗位范围、岗位周期，定期将相关岗位员工进行轮换，全面提高员工素质。

⑤完善激励约束机制。高校人事部应当建立科学合理的评价指标体系，对员工进行合理的年度审查和评价。

（三）密码设备的发行与管理

针对一些人盗取系统密码登录网上银行系统的问题，建议采用"加密犬"技术。加密犬是一种外形与USB存储器相似的硬件装置，其本名为加密锁，作为软件保护的通俗行业用语而发展起来。加密犬是将计算机并行端口中插入的软件和硬件组合而成的加密产品。加密犬一般有几十字节或几百字节的非易失性存储空间。现在比较新的加密犬内部也包含了宏处理器。系统管理员可以不具有实际业务的操作权限，只具有发行及分配权限进行工作，也可以对读取器进行加密。普通运营商的成员只能支持加密犬的硬件和密码，操作他人硬件的加密犬无效。在拿到自己的加密犬后，在进行支付业务时必须验证加密犬。如果验证通过了的话，可以发送交易。由此大大提高了网上银行系统的安全性。

（四）完善我国网上银行方面的法律法规

明确法律法规原则，遵守国际化、消费者权益、安全和发展等原则，推进我国法律法规和规章制度的建设。改善中国网上银行的法律监督制度。完善市场准入制度，规范市场退出制度，建立信息披露制度。明确各当事人的法律责任，实现风险有效控制。

三、高校资金筹措风险预防建议

（一）保证学费收入，维持学生平稳生活

增强学校核心竞争力，确保学生稳定生活。学费收入是民办高校的主要经费来源，维持稳定的学费收入是防止学校筹措资金风险的重要措施。学校只有顺利完成每年的招生计划，才能有稳定的学生来源，才能有稳定的学费收入。学校要加强教师培训，引进高素质人才，不断加强教师队伍建设，聚焦财经和商科等优势专业，打造品牌专业，并根据社会需要调整相关专业设置，加强学校内涵建设，增强核心竞争力，提高影响力，稳定收入来源。

（二）稳定教师队伍，加强教师队伍建设

教师是学校的战略资源，民办高校要加大教师方面的投入力度，扩大招生渠道，招收高水平的教师，配合学校学科建设提高教师水平。学校应当完善人才保障政策，提高教师待遇，建立合理有效的激励机制，关心教师，让教师在学校落户，从事教育工作。学校要关心教师的成长，制订教师培训计划，增加教师培训费支出，在企业交流现场让教师交流学习，提高教师专业素质和业务水平，建设业务水平高的、稳定的教师队伍。

（三）挖掘专业特色，扩大品牌专业影响

民办高校的优势专业主要是财经专业、商科专业，学校要以市场为导向，根据学校自身的特点，通过市场调查和预测，进行有效的分析论证，结合社会对专业人才的需求，正确把握专业建设的方向。要立足学校所在地，以服务当地经济为动力，根据当地情况，大挖专业特色，打造财经和商科品牌专业。要创新人才培养模式，让校外行业专家参与人才培养方案论证，将企业的岗位需求纳入专业建设体系，建立企业领导制度，让学生充分了解专业职位，有更明确的学习方向。要优化课程体系，合理规划教学过程，安排教学计划和教职人员。

四、运营风险预防建议

（一）关于资金回收

提高学生的学费缴纳率，确保及时收回学费资金。民办高校有些学生无法支付学费，也有学生因为家庭原因而不能继续学习。事实上是，一部分学生自我约束能力较差，所以将学费用于个人消费或其他支出。对于家庭困难、学费缴纳不足的学生，学校将优先提供工作补贴，提高学习补贴标准，鼓励其利用课余时间参加学习补贴活动，以减轻一部分贫困学生的经济压力，使其能够及时缴纳学费。对恶意欠付的学生，学校应该加强学生的自律性培养，引导学生树立正确的消费观念，提高缴费意识。

（二）关于预算与决算管理

完善的预算管理体制可以有效地规避财务风险。民办高校应充实预算管理体制，提高预算管理水平，提高学校资金使用效率，同时还要加强对决算工作重要性的认识。部门决算之所以重要，是因为其可以反馈各个部门整个年度总的财务情况以及预算的执行情况。它是政府制定相关的公共政策、宏观决策的重要依据。所以，各部门必须对决算工作高度重视，积极推进部门决算，比照预算，扩大宣传引导，真正发挥决算公开的正面效应，从领导到每一位财会人员，应该有计划、有秩序地进行决算工作，才能保证决算机制趋于规范化、合理化。要明确领导责任机制。作为领导，要率先意识到部门决算数据的重要性，清晰地认识到自身承担的经济职责，保证决算数据的真实性和规范性，从而引导本部门所有工作人员达成一致理念。对于其中的相关问题，工作人员无法理解清楚或者存在困惑的，领导要及时给予解惑，并与部门人员进行"头脑风暴"，共同交流探讨。每一位从事会计工作的人员都要对自身的编报工作具有准确明了的定位，与领导保持有效的沟通交流，绝不能流于表面，进行机械式报告。

1. 科学规划预算编制

民办高校应设立包括各院系和各职能部门的预算编制委员会，坚持从合法合规的原则出发，确保重点，采用"零基础预算法"编制预算。学校预算按等级分为学校级总预算和所属二级院系及职能部门预算，根据学校发展计划制定学校总预算目标，二级院系及职能部门应根据总预算目标编制本部门预算。参加预算编制的人员要对编制的预算项目进行充分理解和深入调查，在预算草案形成后，向有关人员征求意见，确保预算编制的科学、系统、全面。对于资金支出较大且跨年度的项目，不仅要编制当年的预算，还要编制用于共同年度资金使用的预算，使预算更加科学合理。预算编制完成后，在预算编制委员会审议批准后，向董事会报告。

2. 严格进行预算管理

民办高校的各院系和职能部门要严格执行预算收支计划，不得随意调整。在学校的运营环境发生重大变化时，在国家有关政策发生调整或者对预算有必要进行调整时，应当由预算执行机关向学校预算编制委员会提出申请，说明预算调整的原因，提出调整方案。在预算执行过程中，学校要建立预算管理信息化系统，财务部对各部门的预算执行情况分别作成详细的统计报告，分析预算的完成情况，在发现异常时必须及时报告。各部门要分析预算执行的差异情况，调查原因，确保预算的稳定运行。

3. 制定预算审查制度

民办高校要对各部门的预算执行情况进行审查，制定可操作性强的预算审查制度，设定科学的量化审查指标。学校要根据预算审查的结果，建立一系列奖惩制度，促使学校各部门重视预算管理。

（三）关于内部控制

民办高校应当建立事前防卫、事中控制和事后监督的内部控制体系，加强财务管理制度化建设，把可能发生的风险控制在一定范围内。

1. 完善内部控制规则制度，优化组织结构

民办高校充实内部控制规章制度，进一步推进各项财务管理制度运行，建立预算管理方法，完善资金使用审查制度，明确参与者对资金使用业务的职责划分，明确相关业务的要求。要优化财务管理组织结构，合理设置财务岗位，明确各岗位的分工，对不适合的职务进行分离，在岗位和职务之间相互监督、相互制约，形成有效的均衡机制。学校要设立专门的内部控制机构，监督学校的财务活动，评估学校面临的财务风险。学校应该保障内部控制功能部门的权威，切实实现内部控制。

2. 建立财务风险评估系统，提高决策的科学性

财务风险评估是指选择相关财务指标，用一定的方法分析其指标数据，评估所面临的财务风险。目前，民办高校大多还没有建立有效的财务指标评估系

统。相关的财务风险评估工作还处于比较主观的水平，影响了学校日常经营过程中决策的科学性。学校应根据自身财务管理的实际情况，针对学校潜在的财务风险，选择债务偿还能力和运输能力等相关的财务指标，构建科学的财务风险评估系统，运用相关的数据分析模型实时分析学校财务管理情况，评估所面临的风险程度，为学校领导制定科学决策提供有效参考。

财务管理者的工作水平直接影响学校财务管理活动的规范性和科学性。学校必须采取各种手段来提高财务管理者的业务水平和财务风险意识，全面加强财务管理团队的建设。民办高校要加强对财务人员的风险意识教育，提高其财务风险防范意识，也可以组织财务人员参加业务学习，学习国家新的财税制度和财务管理法规等，进一步提高学校财务管理者的业务水平，可以在校内组织短期业务培训，也可以在其他学校学习财务管理的经验。鼓励财务人员参加学历学习和职称资格考试，对取得相应学历或职称的财务人员给予一定的奖励。优化财务人员结构，学校可以根据岗位需求，提高工资待遇，引进业务水平高的财务人员，提高学校的财务管理能力。

五、投资风险预防建议

（一）关于投资决策

投资决策过程是影响投资风险的重要因素。科学、合理、规范化的投资决策方案可以有效避免个人感情、兴趣、喜好对投资的影响，避免不合理的投资行为。民办高校应充分进行投资审查时的论证，建立集体决策制度，减少投资决策中错误的风险认识。对于重大的投资项目，学校可以设立投资决策委员会进行论证分析，在书面上明确记录决策过程和决策内容，进一步规范投资决策程序，投资项目由投资决策委员会论证，之后报校长事务会讨论，最终报学校董事会批准审查。在制定基础设施投资决策时，民办高校要根据学校中长期发展规划，结合未来的情况和学校的专业发展前景、人才培养方向等，分析基础设施投资项目，分析投资成本，论证投资期限，充分考虑投资资金的来源，分析贷款和贷款申请的可行性，确保建设资金能够切实执行。

在制定对外投资决策时，民办高校应当根据学校的资金成本、偿还债务能力和投资估算，证明投资项目的可行性。科学计算投资成本，合理规划预期收益，综合考虑投资过程中投资项目对学校发展的影响，避免盲目投资。确立风险意识，事先制定投资失败防止措施，防止因投资失败而对学校发展产生不良影响，规避投资风险。

（二）关于投资监督

实施投资决策后，为防止投资过程中的财务风险，高校要建立相应的财务监督制度，设置专门的财务负责人全程监督投资项目的预算和资金使用情况。投资项目未能达到预期效果或脱离计划的，要使财务风险降到最低。确保资金使用得当，保障投资项目达到预期效果。在基础设施投资方面，基础设施投资的资金投入很大，必须强化内部控制。民办高校基础建设项目支出应纳入学校总预算，根据有关财务管理规定，应设置科学合理的基础建设资金审批权限和支付程序，严格按照审批程序支付。设置专业的基础设施建设财务岗位，安排基础设施建设投资资金管理，确保投资资金可用于指定场所，提高资金使用效率，避免资金流失。另外，为了防止投资风险和资金使用目的不明确，学校可以对分管骨干建设业务的领导进行离任审计，对其任期内的主要经济活动进行审计，确保资金安全，避免发生投资风险。

对于对外投资，学校在决定投资后，应当加强对投资项目的财务监督管理，设立专门机构管理投资项目，了解投资项目的经营情况和财务管理情况。及时分析投资项目的财务指标数据，识别存在的财务风险，加强对投资项目的审计，委托会计师事务所对投资项目出具审计报告。在投资项目发生财务风险时，学校要采取相应措施进行控制，以免发生更大的损失。如果投资项目无法继续下去，学校应立即终止。

第四节 高校财务管理模式创新

一、高校财务管理改革创新的内涵

改革创新是一种思维模式，体现出试图改变的想法与目的。改变是要应对社会不断发展的要求，努力达到一个理想化的状态。改革创新需要运用新视野看待事物，采取新手段、新方式改造事物，近而不断满足人的要求。每一项新发明、一种新描述都是一种创新。创新是人类独特的认知和实践能力，是人类主观能动性的高级表现。一个国家要想走在时代的前列，就需要创新思维。创新不仅仅是物品的发明创造，经济、制度与管理准则都需要随时进行创新。"革新"一词在中国经常被用来表示改革的成果，改革是经济发展的主要动力，推动创新的因素也非常重要。

二、高校财务管理改革创新的动因

（一）高等教育发展对财务管理改革创新的需求

我国高校财务管理的方式受到经济全球化、国际教育背景的影响。在经济全球化与高等教育国际化背景影响下，普通高等院校的财务管理体系与人才培养、社会服务、文化传承和科学研究一样，越来越受到重视，地位与作用也越来越重要，甚至成为管理工作的核心任务。特别是1999年中国高校扩招以来，高等教育的毛入学率从1998年的9.76%上升到2016年的42.7%。我国的高等教育从精英教育阶段进入了大众化阶段，为实现从人力资源大国到人力资源强国的发展奠定了坚实的基础。与此同时，政府和社会对高等教育经费的投资也增加了。2017年1月20日，根据国家统计局发布的数据，经过初步计算，2016年全年国内生产总值为743 585亿元，国家财政教育经费投入占GDP的比例约为4.22%，高校扩招带来的巨大财务压力在一定程度上解除了。但事实上是，与学校规模相比，财政投入仍然远远不足。其中有政府和社会投资不足的原因。学校运营资源没有充分有效利用，经费支出结构不合理，支出控制不充分，也会导致人才和资金损失和浪费的问题。在压力下，学校需要思考如何多渠道获得运营经费，优化学校配置，合理经营，为学生提供多路径的发展方向。科学配置各种学校运营资源，合理调整支出结构，有效抑制学校运营支出，提升学校运营资金的使用效果，解决学校运营资金紧张问题是高校财务活动的重要任务。《国家中长期教育改革和发展规划纲要（2010—2020年）》不仅提出从扩建到质量提高的高等教育转变，而且在走内涵式发展道路的同时，明确提出建立和完善中国特色现代高校制度，完善制度机制，增加教育投入，完善投入机制。另外，要求加强经费管理，坚持依法进行财务管理，严格执行国家财政资金管理法律制度，建立科学化预算管理机制，科学编制预算，提高预算执行效率。在高校试行设立总会计师职务，提高经费使用和资产管理专业化水平。加强经费使用监督，加强对重要项目建设和经费使用的全过程审计，确保经费使用规范、安全和有效果。提高经费管理信息化水平，规避学校财务风险，建立经费使用评价制度，加强重大项目经费使用评价。加强学校国有资产管理，建立和健全学校国有资产配置、使用和管理制度，防止国有资产流失，提升使用效果。规范学校的收费行为和收费资金的使用管理，坚持勤俭办学，建设节约型学校。由此，财务管理的目标更加明确，财务管理的任务更加繁重。

（二）高校自身对财务管理改革创新的需求

近年来，随着财务检查力度的加大，高校财务管理中的几个问题逐渐清晰，主要体现在如下几方面。一些高校在经济发展方面的能力不足，如银行贷款、资本积累以及对外投资。预算管理杂乱，收支管理不能细致到位，会导致财务问题，影响高校的长远发展。预算编制和执行不到位，部分高校的部门预算和学校预算仍存在"两张皮"现象。一些高校没有按照规定使用贷款或者资金，甚至参与非法融资活动，违反贷款应遵守的要求，投资效果欠佳，甚至属于危险投资，还会造成许多额外的损失。部分高校不遵循资产管理和财务预算管理要求，重复购买资产导致闲置。部分高校不执行公共采购的有关规定，造成固定资产采购过多。项目管理混乱，普通高校建设项目可行性研究不足，投资预算、结算预算差异较大，项目变更类型较多。

高校财务管理所面对的问题与高校管理有着分不开的联系。管理责任落实不到位，科研经费的使用便会出现问题。管理没做到细化清楚，责任概念相对模糊，资金的去向便会模糊，会大大加重财务管理的工作任务。一些高校不顾财力和本息支付能力，未经主管部门批准，擅自发放基本建设贷款。其结果是财务状况恶化，财务运行困难。财务管理制度不健全，财务运行绩效不高，部分高校尚未建立二级财务管理制度，权责不清，纠纷不断，导致财务运行不畅，影响财务运行绩效，扰乱高校财务秩序，造成资金浪费和损失。通过财务管理改革创新，可进一步整顿财务管理体制和运行机制，加强财务制度建设，完善财务管理流程，规范金融行为，提高金融运行绩效。

财务管理资源必须建立在财务管理电算化的基础上，高校经营规模的扩大和自身财务管理体制的完善，对财务管理电算化提出了明确的要求。但事实上，部分高校条件比较差，电算化程度较低，加之没有完全用来完成多个财务程序的应用，高校使用的财务软件大多是分领域管理和二级财务管理。内部人员无法对高校的财务数据进行查询和确认，即普通高校的信息化建设没有实现财务信息的整合和优化，实际应用的日常管理不足，学校资源无法共享，重复性工作较多，工作效率明显下降。

1. 财务经理能力需加强

高校财务经理的业务能力决定高校财务发展的速度，管理者的行动力不足很可能阻碍发展。与财务经理的职业素养相比，其政治思想素养更为重要，但从市场经济领域角度结合现代化企业的发展来看，高校要发展就需要高素质人才进行管理。接受过高等教育的管理人才眼界更为宽阔，领导和决策能力也有显著的不同。而在传统的高校发展中，人们往往忽略了这一环节，因此一些财务管理者专业能力有限，导致高校财务管理发展缓慢，甚至影响高校整体的发展。

2. 财务管理观念需转变

随着高校的管理越来越多样化，资金的来源渠道也在不断增多，包括财政拨款、营业收入、经营收入和辅助收入等。随着学校办学规模的扩大，办学条件的改善，教职工待遇的提高，一些高校为了满足自身职业发展需要，选择从金融机构融资，改变了主要的融资方式，导致资金使用成本的产生。高校财务管理观念发生了变化。高校的管理意识往往相对滞后，对投资和生产的认识不足，缺乏对资金成本的认识。

普通高校财务管理者观念陈旧，对财务管理工作的影响很大。普通高校财务管理者关注的焦点仅限于财务会计处理阶段，重点仍然是单一的会计核算，忽视了内部管理职能，缺乏可持续发展、人才培养、利益追求等方面的认识，降低了工作效率。财务管理在普通高校发展过程中的作用黯然失色，增加了高校发生财务危机的可能性，降低了高校应对突发事件的能力。高校财务管理理念迫切需要改变。

三、高校财务管理改革创新面临的理论挑战

高校财务管理的改革创新，从制度方面来说，就是舍弃旧的，创造新的。在高度集中的计划经济体制下形成的高等教育管理体制，主要表示高校和政府之间的行政隶属关系。政府集中了主办权、管理权和学校运营权。教育行政部门对高校的管理除了计划、指挥、监督、控制外，还表现出"代理"的倾向，这造成了我国高校管理效率较低。

我国现代高校建设的实质是制度变迁。诺斯强调，"过去人民的选择决定了现在可能的选择"，初始制度的选择强化了现有制度的惯性。

四、高校财务管理改革创新的意义

通过扩招和合并，现在的高校在资金的流动上有着很大的规模，一部分高校的资产和以前的国家大中型企业的资产相比也毫不逊色。通过高校后勤社会化改革的试行，许多高校存在企业二级财务核算，但事实上二级财务核算仍采用事业单位的计算方法。财务管理，特别是二级单位的财务管理，存在不规范、不科学、不透明、信息不对称的问题。高校的组织机构与现代企业不同，却也有像企业一样巨大的资金流动，基本上开展着像企业一样的贷款、投资、

融资、基础设施建设等有风险的重要经济活动。在考虑货币的时间价值和风险价值的基础上，合理安排教育资源，提高资金的使用效率，为企业培养优秀人才，提供有用的研究成果，最终目标是实现高校价值最大化。

（一）高校财务状况得到真实反映

现在的高校财务制度无法真实反映高校的财务状况和资产状况。高校财务管理的改革创新主要是将高校财务状况真实地反映出来，才能实现利益的最大化。

（二）高校财务管理目标得到调整

随着高校的不断发展，经营模式越来越多元化，办学宗旨与目标也在发生变化，学校财务管理需要处理的问题也在不断增多，知识转化为资本在今后的社会越来越重要，知识更新、普及和实践速度加快，对高校的财务管理工作产生了很大影响，高校的财务管理目标必须转换到更高的水平。在重视硬财务资源在整体财务资源系统中的作用的同时，应重视软财务资源的战略作用和对硬财务资源的控制作用。另外，高校作为非营利性机构，也需承担社会责任。因此，必须改革创新高校的财务管理目标，不仅要满足学校师生的各类要求，同时要满足社会对学校所提出的要求，平衡各种利益关系，处理好各种利益主体的关系，尽可能实现管理目标的一致性。

（三）维持和增值高校资产

高校财务管理的目标不仅仅是管理资产，还应该在这个基础上创造价值。通过科学的财务管理方法，高校资产在保持价值的同时可实现增值。通常，财务管理部门可以通过现金管理等低风险财务管理方法，对高校进行财务管理。同时，财务管理部门可结合学校资源和学科特色，确定最适合本校发展的投资战略和投资组合方式，合理分配高校金融资产，使校内沉淀资金发挥最大作用，可以增强学校收集财富和生产财富的能力。也就是说，高校的财务管理目标是"被动管理"，尽可能为高校的科研和教育提供财务保障。

（四）可持续财务管理目标确立

在当前的市场经济环境下，高校可持续财务管理目标的选择不仅要符合高校自身的特殊社会定位，还应适应市场经济规律发展的要求。要以保证高校财务状况正常发展为基本目标，以投资效果最大化为第一目标，建立以社会效益和经济效益最大化为永恒目标的高校可持续财务管理目标体系。

资金管理是高校的日常财务管理工作。要规范经费分配方法，全面推进

"零基础预算"的预算管理模式。要坚持成本效益原则，提高经费效率，保证教育质量，在培养合格人才的前提下，不断降低学生人均办学成本，取得最大教育成果。

五、高校财务管理改革创新的重点

有了制度，必须遵守，按规定办事，规范操作，才能提高制度约束的质量，建立良好的财务管理氛围。高校财务管理的目的是提供优质服务。高校的财务管理部门为了学校这个"会计主体"，有义务管理各项资金，做好统筹安排的工作。对财务管理部门来说，改善服务是一个不断完善的过程，改善管理也是长期性的。在某个时期，在某个背景下强调服务的重要性并不是削弱管理功能。与之相反，以优质高效的服务背景为前提，积极提倡服务管理理念，推进服务和管理的持续协调和长期互动，通过优秀的服务载体，可以很好地帮助改善投资信托环境和提高财务管理效率。以制度建设为基础，财务管理作为高校管理系统的重要组成部分，综合性、政策性、时效性强。因此，制度管理在高校的财务管理中处于基础地位。要想使资产管理环境改善，结构支出更加清晰明了，就需要严格按照制度办事，规范程序流程，创造良好的财务管理氛围。高校要努力扩大制度约束的范围，把加快经济制度建设放在更突出的地位上，先填空补缺，然后再按改革的设想进行。财务管理改革创新的重点、难点很多，一是破例，即非常事项、影响深远的事项、不能规避风险的事项和内部控制的重点优先解决；二是做好报账发票管理工作，集中在财政资源配置、现金流量管理、公共采购集中管理和其他来源管理上；三是提高财务管理水平。重视财务信息披露，普通高校是精英人才的特殊聚集地，对信息披露尤其是财务信息的披露有着特殊的需求。除了不应完全公开的财务信息外，高校的财务服务还应分层次进行传播，以多种方式、按程序贯穿于整个过程中，只有公开才能公正。媒体财务公开包括会议、文件、论坛、校园网（财经网）等，财务公开的内容包括财务制度，预算的编制和执行情况，收费政策依据、项目、标准和范围，收费情况，项目资金收入和支出情况，职工工资、津贴支付、税款扣除情况，集中采购规则，招投标信息等。财务公开活动不断深入，必须推进高校资产民主管理进程，加快形成开放式的财务管理模式。

六、高校财务管理体制和机制的改革创新

要实行体制、机构的改革创新，必须宏观把握机构的设置、团队的建设、制度的完善等问题，实行微观的资金管理、预算管理、成本计算等制度。

（一）关于宏观机构的设置

制定适应社会主义市场经济体制和学校发展的财务管理制度，建立校长指导下的专业财务管理机构，建立"责任、权利、利益"相结合的财务管理体制，加强对各部门人员的培训、监督和审查，建立"统一指导、有效实行层级管理"的财务管理体制。另外，设立独立的监督机构，充实内部监察制度，进行"经常监督、定期考核"。

（二）关于团队建设

建立高素质的团队，实行岗位责任制，加强财务人员专业素质的培养和职业道德素质的培养。做好财务与业务知识和财务与法律法规知识的宣传。财务主管干部要关注财务人员的配置，根据人才特点选拔优秀人才，合理录用。同时，定期组织财务负责人到专业部门或其他院校学习先进的管理经验。

（三）关于资金管理

建立完整的资金管理体制，及时分析和总结资金结构、状态、效益。统一规划，合理规划。做好货币资金、应收和应付账款的管理，对资金的筹措和使用做出具体规定。对于资金的积压和资金的擅自挪用等，采取相应的处罚措施。

（四）关于预算管理

根据学校的具体情况，从学校的长期发展目标考虑，把财务工作的重点和学校的发展方向结合起来，制定季度预算，优化年度预算，分析预算的可行性。另外，完善预算的监督机制，增强预算的执行力。

（五）关于成本计算

结合财务管理和成本计算，合理使用权责发生制和收付实现制，对统一成本计算标准、预付费用等进行具体规定。对教育、科学研究的成本计算主要手段和对高校所属企业的成本计算主要手段要尽量统一，在鼓励教育、研究的同时，也要对高校所属企业进行支持。

七、高校财务管理技术和方法的改革创新

高校财务管理面临市场经济问题，而企业财务管理具有独特优势，如果在高校财务管理中引入企业的财务管理手段，可以提高高校的财务管理能力，避免资金使用中的风险，为高校的健康发展提供坚实的基础。

（一）高校财务管理推进责任制

在高校的财务管理中，由于没有明确的责任主体，财务管理工作存在很多缺点，只有明确划分各职能部门和岗位的具体职责，才可以避免由于责任不明确而产生的相互推脱现象。高校财务管理推进责任制可以防止乱用资金，成为资金安全的有力保障。

（二）高校财务管理的全面预算推进

预算管理是指在给定战略目标的指导下，对将要发生的经营活动与相应财务结果进行充分、全面的预测和筹划，并通过对执行过程的监控，将实际完成情况与预算目标不断对照和分析，从而及时指导经营活动的改善和调整，以帮助管理者更加有效地管理企业和最大限度地实现战略目标的财务管理活动。而财务预算监督是管理者对财务工作进行财务监督、缩小区域差距、加强资产监督管理、提高资金使用率的重要手段与措施。民办高校施行全面预算管理与监督的措施主要有以下几个方面。

1.在共享基础上实现全面预算管理

全面预算管理作为财务管理工作的核心内容之一，已被国内外财务管理人员普遍认可。民办高校地跨两地办学，存在多个财务收支主体，虽然在办学过程中对财务工作进行了一定的改进，但在预算工作方面还是存在短板，两个校区都存在着忽视业务预算工作，缺乏相应的预算管理制度，预算推广程度不高的问题。

因此，学校应当强化预算管理，借助财务共享服务平台扩大预算范围，重视业务预算，在两个校区间实行统一的、全面的预算管理，并结合学校本身跨区域办学的模式与特点，积极探索、创新与学校相适应的预算管理模式，进而提高预算管理的效力。

2.严把财务预算编制质量关

预算编制需要大量人力、财力的投入，但观其效果，却并未发挥其应有的作用。民办高校在预算编制的过程中存在着两校区多个收支主体间预算标准不统一，预算方法不科学、预算执行情况反馈不及时、预算准确性不高的情况，说明预算编制时的漏洞较多，质量不高。学校应当以办学目标为出发点，借助财务共享服务中心先进的财务管理设施与技术，从共享的角度出发，结合两地的办学环境、生源情况和政策走向，综合分析，科学预判，用共享服务中心的技术优势科学选择预算方法，在各个财务收支主体间建立起统一的预算标准体系，打通信息传导的途径，实时监控预算编制情况，进而提高财务预算编制的准确性、可靠性和合理性。同时，学校还要总结、探究以往会计年度财务预算编制中存在的漏洞，借助财务共享服务平台的智能分析功能对预算编制与执行中存在的偏差探其原因，以便在当前会计年度预算编制的过程中能够加以避免，使长期目标与短期效益并重，从而提高预算编制的质量。

3. 强化财务预算执行监督

强化财务预算执行监督，用考核的方式对监督情况进行评价，确保预算能够发挥其应有的作用。

学校要落实预算编制的标准，在预算编制完成后，确保预算能够全方位地指导、覆盖各个收支主体财务工作的全流程。学校各个二级学院、职能部门、直属机构对预算的执行情况要及时跟进，通过实时、定期地在财务共享服务平台获取自身的预算分析报告，各个执行单位应当设置专门的人员对本部门预算的执行情况进行汇总、分析，进而查漏补缺。同时，各收支主体负责预算的工作人员应当就本部门预算执行情况及时与财务部门进行沟通，确保财务部门对各单位预算执行情况及时掌握，实现财务预算信息在财务共享服务平台上与现实人工中的共享，以科学技术辅助人工，以人工完善科学技术，彻底打破地域、部门、时间的限制，以共享辅助预算的监督。根据各预算单位的业务重点和管理重心，学校应结合自身财务情况，建立健全适合学校自身发展的、统一的预算执行评价标准与制度，进而拥有强有力的激励机制，优化资源配置，提高财务管理效率。通过共享服务平台对两校区、多个收支主体财务预算的执行情况进行动态的实时监测，结合财务与业务处理过程中各项因素影响而发生的不同变化，对预算进行及时调整，同时要确保预算调整与变更必须经过严格的审批程序，保证预算的效力。

内部审计，即外部审计的对称，其主要内容包括财务审计和经营管理审计，是成立于组织内部、为管理部门服务的一种单独的检查、监督和评价活动。民办高校需借助财务共享服务平台加强其内部审计，统一两校区、多个财务收支主体间的审计制度与标准，建立共享模式下的内部审计体系，进而防范财务风险。

4. 内部审计制度统一与完善

借助财务共享服务平台在学校两个校区、多个财务收支主体间建立统一的、完善的学校内部审计模式。学校应当结合自身财务情况设立内部审计机构，成立内部审计委员会，层级在两个校区之上，直接对内部审计业务负责，形成学校内部审计委员会—审计部门—基层审计人员的内部审计架构。

审计部门应当借助共享服务平台的跨区域特点，打破地域的限制，实时掌握学校各个收支主体的财务状况，通过在共享服务平台保存的财务数据及资料对其进行全方位的科学审计，在审计时应当从学校整体的角度出发，对学校的财务管理活动进行有效的监督与评价。学校还应提高内部审计人员业务素质。目前，财务与业务人员业务技能比较单一，复合型财务人员缺乏，从事内部审计的人员需要具备一定的专业素养与专业技能，拥有一定的判断能力，能够适应共享模式下的内部审计模式。因此，学校应加强对现有财务人员业务素养的培训，让其对现行的审计规定、方法有一定的了解。

（三）高校设置预算执行评价制度

高校财务管理确立了预算的主导地位，预算能否顺利执行决定了预算的效果。为了保证预算的顺利实施，必须关注各单位的预算执行效果。只有各单位按照规定的预算执行，才能确保高校本年度的整体目标的实现。

八、我国高校财务管理模式的发展

（一）现代化财务管理模式的发展

改革开放后，随着我国市场经济体制的建立和高校制度的改革，高校确立了独立法人的地位，资金来源不局限于政府集资，集资自主权得到切实落实，资金管理状况逐步改善。我国发布了《中共中央关于教育体制改革的决定》，明确提出要改革中小学普通学生奖学金制度，提出改革学费和各种培训费的思路。高校应根据区域经济发展情况，逐步提高收费水平，加强奖学金等相关改革政策的落实，从国家支持高等教育各项经费的旧体制，到国家和个人分担高等教育经费的新体制，逐步进行改革。因此，随着社会主义市场经济的建立，高校逐渐成为自主发展、自主管理的主体，传统的高校财务管理方式已不能适应投资的多元化和高校的快速发展。高校的财务管理具有由单纯的教育科研机构向教育科研、技术开发、生产经营等多种社会独立经营机构转变的特点，多渠道融资模式正在逐步形成。

国内高校拥有独立的资金支配权利，并且通过资金使用激励机制，最大限度地提升资本使用效率。信息数字化校园的逐步建立引起了人们的关注，而数字化校园的建设是一项十分关键的任务。事实上，在不同政策的影响下，高校财务管理模式面临着严峻的挑战。数字化校园建设的数据管理平台的支持、全球管理功能的数据共享和交换、相关的信息管理系统的开发都是十分重要的环节。

（二）高校财务管理系统的发展现状

高校财务管理系统是高校管理系统的重要组成部分。随着国内普通高校的招生规模不断扩大，市场经济的发展和经济运行的多样化，时代的发展和经济的发展情况越来越复杂，财务状况发生了巨大变化。高校财务普遍实行集中式管理，但在现实中，财务控制是管理的前提。高校财务管理必须严格执行由高校制定的多层次财务管理制度。高校没有财政支出的相关要素，没有明确界定收入计量体系和支出分配体系的统一参照、审批权限，学校和二级部门之间缺乏统一的标准，工作难以协调，多个部门擅自制定支出标准。在这种情况下，高校应当统一财务管理，合理分配职权，这有助于高校财务资源的合理配置和使用，提高资源利用和管理效率。把独立收入和独立资金的使用有机结合起来，增强各部门的财务风险意识和责任意识，提高对多个部门投资的信任观念，才能建立良好的财务和经营管理体系。加强经济责任审查也是一项重要工作，确保财务工作的公平性，促进高校财务管理工作的有序开展。要利用财务复核机构加强财务管理复核，加强群众监督。高校要根据自身财务环境选择不同的财务管理方式，确保其财务管理工作顺利进行。

九、基于信息化的高校财务管理模式的构建

（一）基于信息化的高校财务预算管理方法

预算管理在学校的财务管理业务中占有重要地位，包括多个阶段的工作内容。

随着信息化技术的发展，高校财务预算管理系统发生了变化，由原来的手工管理转向了信息化管理。我们下面介绍几个信息化背景下的高校财务预算管理和控制方法。

1. 反馈预算控制法

预算控制反馈的主要方法是先允许支出后使用，使用这种方法的原则是根据同一目标进行多次核对检查，必须将支出的金额与实际记录的金额一一核对。在某种程度上，作为事前和事后审查的方法，这样的审核适合于资金限额高、资金使用容易出错的项目。在财务软件和办公软件相结合的背景下，对普通高校的财务信息进行重新核定，对资金进行有效的预算控制。由此为了不影响后续单位核对审查，高校的财务管理需要运用现代信息手段，及时核对并记录财务走向，检查财务预算和下级机构执行过程中存在的问题，充分发挥最高一级金融机构的监管作用。

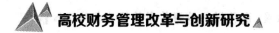

2.滚动预算控制法

滚动预算控制法的基本思路是从年度预算目标中减去发生的这个时期的预算后的金额，另外，根据剩余的期间数，计算下一期间的预算执行数，更新年度预算，得到其结果。这种预算控制方法主要在预算实施中有效地控制预算，信息量多、可操作性强、目标大的项目适用。按照信息化技术，滚动式预算控制法可以根据需要分析模板，快速获取信息，及时准确编制必要的财务报表，真正做到高校财务管理中的滚动式控制管理。

3.预算指标包干控制法

高校在实际工作过程中使用的预算指标包干控制法，可根据费用的种类调整预算指标，将事业资金分割到各部门，只控制总额，分块使用资金，多余的部分不要补充，剩下的部分可以自己留着。该方法主要针对指定用途的特别经费，根据特别批准经费，单独计算。这个方法操作简单、形式灵活、效果明显，有容易接受的优点。这是现在高校广泛采用的预算管理方法。

将现代信息技术应用于预算指标包干控制法，可以大幅减少人为调整预算的偏差，密切掌握财务状况，及时发现不合理的资金支出。

许多预算控制方法结合现代信息技术，已经在很多高校得到应用。全面预算管理体系是指学校全面预算管理的工作模式。构建了全面预算管理体系，根据学校特点和学校具体情况，全面预算管理系统通过校园网与会计系统有机结合，实现学校预算与部门预算的完全衔接，形成完整的管理信息系统，调整预算管理信息综合反馈需求，体现集中控制的优势，确保会计信息的完整性，落实学校的前期工作计划，进一步分析和评估责任，为职业决策提供保障。全面预算管理系统支持学校所有创业活动，进一步分析和评估全面预算管理的实行过程。由于它还强调在数字学校与其他实施系统之间开发和利用积累的信息资源，可采用全面预算管理系统使学校预算与其他预算完全衔接。全面预算管理是系统工程师的职责，包括预算目标、预算编制、预算修订、预算执行、变动分析、预算调整等。预算目标是预算管理的核心，是将日常标准和学校经营计划相结合，包括长期目标、中长期目标和短期目标。预算一般分为"零基预算""奖金预算""滚动预算"等。在预算编制完成后，预算管理办公室向学校预算管理委员会提出审核报告，预算管理办公室根据审核结果对需要调整的项目进行审核，修改后的预算将提交学校最高决策机构审核。预算管理办公室负责预算的下达，包括校级预算的下达和部门预算的下达。预算执行是实现预算目标的过程，分析差异必须说明预算目标的实现情况，并对影响预算的因素提出改进意见。预算审查以下列预算指标为基础，由审查办公室负责。

（二）基于信息化的高校资金动态集中控制系统

集中管理资金显著提高了资金的使用效率。传统的高校资金集中管理主要手段是设立资金结算中心，集中校内资金，为学校内的企业提供资金结算业务，向外部借款，为学校的发展提供一定的资金援助。在信息化管理环境下，高校资金动态集中化管理主要体现在学校结算中心实现直接独立计算的校内二级单位和集中化管理。学校结算中心设置全面预算管理模块、资金管理模块，同时在独立核算单位设置全面预算管理模块、资金管理模块、会计管理模块和交易账户管理模块。高校财务绩效评价和决策支持系统评估高校财务管理的运营情况，为管理者的决策提供参考依据。高校财务评估的最终目标是全面、正确、客观地评价和公布高校的财务收支，对高校的经济效益做出合理的评价，为学校的运营和管理提供决策依据。为了达到这个目的，高校需要将财务综合能力和财务运营业绩、财务发展潜力和财务发展风险大小等指标有机结合，对系统进行评估。

1. 财务综合能力

高校财务综合能力代表高校在指定时间的资产状况，在一定程度上反映了学校的规模和发展水平，体现了高校的融资能力。系统地分析高校的财务综合能力，可使高校把握自身的财务状况，把握自己的财务能力变化趋势。高校的财务能力可以用八个指标来评价。

2. 财务运行原则

高校的财务运营业绩是指高校在投入规定的资金后，其效果通过数据显示出来。教育成绩包括教师学生比、每个学生的教育事业和科学研究事业的费用支出、教职员工每个人平均分得的经费配比、教育活动参与者每年的增长率与教育事业和科研事业支出总费用占学校支出总额的比例，由此数据测算教职员工研究经费平均值与科研活动收入每年的增长速度。

学校在提升财务管理效率、优化财务管理模式的同时应遵循以下五项原则。

第一，共享服务原则。整个优化方案坚持从共享服务角度出发，以共享为中心，打破跨区域办学的障碍，提升财务管理模式的服务职能，以增强全校师生的服务满意度。

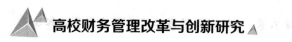

第二，系统整体优化原则。财务管理是一个整体的管理系统，由筹资管理、投资管理、分配管理等子系统构成，对其整体地优化才能取得最优的效果。因此，学校财务管理模式的优化必须从学校整体的财务管理目标出发，进行整体优化，而不是各系统"各自为政"。

第三，预算管理原则。在平日的财务工作中，学校采取的会计核算方式是以收付实现制为主的，在财务管理活动中达到现金收支的平衡，即通过现金预算控制的方式维持现金收支平衡。现金预算可以平衡筹资、投资、分配活动之间的关系，进而提高对现金流转控制的效率。

第四，成本、收益、风险相权衡原则。获得利润、支出成本、应对风险，三者互为一体且相互制约。在整个优化的过程中要平衡好三者的关系，做好投资收益与投资成本之间的权衡，同时，在风险既定时，取得高收益，在收益既定时，维持低风险，综合考量，权衡利弊，处理好优化过程和日常活动中的各种财务关系。

第五，全面管理原则。在优化的过程中，要保证全面协调、全面统一、全员参与，全面优化各项资金管理活动，明确管理责任，确定管理权限，实行跨校区间各二级学院、各职能部门共同参与、共同担责的财务管理模式，激发全校师生的学习工作积极性，使优化的效果得以增大。

参考文献

［1］粟建珍. 新时期高校固定资产管理规范化研究[J]. 经济管理文摘，2021
　　（13）：34-35.

［2］高琰. 高校财务人员素质的培养与提升[J]. 经济师，2021（7）：83-84.

［3］刘鸿雁. 浅析业财融合在企业全面预算管理中的应用：以E企业为例
　　[J]. 中国集体经济，2021（20）：17-19.

［4］张娜. 工业企业成本核算存在的问题及对策[J]. 中国集体经济，2021
　　（20）：53-54.

［5］左巍. 企业业财融合问题研究[J].. 中国集体经济，2021（20）：57-59.

［6］张燕. 探讨会计信息化对企业财务管理的影响[J]. 中国集体经济，2021
　　（20）：125-126.

［7］邓岳南，廖志平. 基于现阶段高校财务管理工作问题的对策分析[J]. 财
　　会学习，2021（18）：22-23.

［8］尹艳梅，庄莹，陈玉明. "双一流"背景下财务管理专业实践教学改革
　　[J]. 科技与创新，2021（12）：158-159.

［9］高丽丽. 大数据背景下高校财务管理模式创新研究[J]. 纳税，2021（18）：
　　103-104.

［10］王东. 本科高校财务管理专业"互联网在线教育+翻转课堂"教学设计
　　创新实践[J]. 科技风，2021（17）：38-39.

［11］唐曦. 信息化建设下高校财务管理的提升[J]. 经济管理文摘，2021
　　（12）：148-149.

［12］张茹. 浅谈高校二级财务管理问题及优化对策[J]. 淮南职业技术学院
　　学报，2021（3）：137-139.

［13］张丹瑶. 基于互联网背景下高校财务管理的创新路径探寻[J]. 商
　　讯，2021（17）：79-80.

［14］宫哿．新政府会计制度对高校财务的影响研究[J]．中小企业管理与科技，2021（6）：94-95.

［15］谭凯因．高校科研项目的经费管理问题及对策[J]．财富生活，2021（12）：157-158.

［16］康轶婷．高校财务信息化建设存在的问题及对策[J]．今日财富，2021（8）：127-128.

［17］冯佳慧．新形势下加强高校财务内部控制研究[J]．财会学习，2021（11）：195-196.

［18］褚青颐．新政府会计制度实施对高校的财务影响研究[D]．郑州：河南农业大学，2020.

［19］尹梓屹．A高校预算管理优化研究[D]．西安：西安石油大学，2020.

［20］乐可毅．高校财务管理中国库集中支付制度的问题及对策[D]．宁波：宁波大学，2017.

［21］王晓林．高校财务管理信息化建设研究[D]．呼和浩特：内蒙古财经大学，2017.

［22］杨昭．新疆高校引入企业财务管理手段研究[D]．乌鲁木齐：新疆大学，2017.

［23］张冰清．S高校财务管理问题及其对策研究[D]．衡阳：南华大学，2017.

［24］李敏．我国高校固定资产精细化管理研究[D]．西安：长安大学，2017.

［25］褚昱．高校继续教育业务财务管理系统设计与实现[D]．天津：天津大学，2016.

［26］许薇娜．N高校财务管理优化研究[D]．济南：山东财经大学，2016.

［27］刘爽．M高校财务管理若干问题研究[D]．长春：吉林大学，2015.

［28］聂慎．高校经费账目管理系统的研究与分析[D]．昆明：云南大学，2015.